图说太极拳论

安在峰　编著

人民体育出版社

图书在版编目（CIP）数据

图说太极拳论 / 安在峰编著. --北京：人民体育出版社，2021
ISBN 978-7-5009-6055-3

Ⅰ. ①图…　Ⅱ. ①安…　Ⅲ. ①太极拳-图解　Ⅳ. ①G852.11-64

中国版本图书馆 CIP 数据核字（2021）第123724号

*

人民体育出版社出版发行
北京中科印刷有限公司印刷
新　华　书　店　经　销

*

850×1168　32 开本　3.75 印张　80 千字
2021 年 12 月第 1 版　　2021 年 12 月第 1 次印刷
印数：1—3,000 册

*

ISBN 978-7-5009-6055-3
定价：26.00 元

社址：北京市东城区体育馆路 8 号（天坛公园东门）
电话：67151482（发行部）　　邮编：100061
传真：67151483　　邮购：67118491
网址：www.sportspublish.cn
（购买本社图书，如遇有缺损页可与邮购部联系）

前 言

《太极拳论》为太极拳经典名著，是太极拳理、法之极品之作，一直以来被奉为太极拳理论圭臬，是珍贵的太极拳文献资料，对太极拳研习者影响甚深，被誉为太极拳界至文，具有很高的学习和研究价值。

《太极拳论》属于文言文，为了便于太极拳研习者阅读和理解，不少专家学者曾对该论进行过注释、详解、注解、诠释、解释、译释等，出版过各种版本，但这些版本都仅限于文字层面，学习者在阅读时仍有一定的困难。为了使读者能更直观、更全面、更容易理解掌握原文所阐述的理论、方法、要求及注意事项，笔者采用了大量的精美图片和精准的文字对该论进行了解说诠释，实属一次尝试。本书尽量做到图文并茂，以图解文，以文注图，文图一致，图示精准，文字生动，言简意赅，直观明了，表述深刻，深入浅出。希望让读者一看就懂，一读就明，为全面理解、掌握原文扫清障碍，为读懂全文提供指导。这就是笔者编著《图说太极拳论》的初衷。

由于水平所限，不足之处在所难免，敬希武林师友和广大读者批评指正！

安在峰

二〇二〇年七月三十一日

于汉高故里

目 录

一、《太极拳论》作者王宗岳介绍/1
二、王宗岳《太极拳论》概述/3
三、王宗岳《太极拳论》原文/4
四、图文解说王宗岳《太极拳论》/6

一、《太极拳论》作者王宗岳介绍

王宗岳是清乾隆年间的山西人（故称山右），著名太极拳理论家（图1-1）。其所作《太极拳论》以古典太极哲学思想为基础，分析太极拳练习及推手的精义，并辅之以八卦、五行学说，与太极拳要领具体结合，对后世太极拳理论的发展产生了深远影响，被奉为研修太极拳的经典著作。

图1-1　王宗岳铜像

王宗岳的武术著作除《太极拳论》外，还有一部解释长拳和十三势内容的残稿，修订了《打手歌》，另有《阴符枪谱》解说枪术练习的理、法。据为该书作序的佚名氏言，王宗岳少年时读过经史，也读过《黄帝内经》《道德经》及兵法等书，兼通击刺之术（击剑、刺枪），枪法最精。关于其习练太极拳的经历，史料不详，有言其秉承张三丰系统者，也有言其受艺于陈家沟者。晚年曾定居于河南洛阳（1792年）、开封（1795年）研拳教书。一说其为明代人。

二、王宗岳《太极拳论》概述

《太极拳论》为太极拳经典名著，由太极拳家王宗岳所著（图2–1）。此论一向被奉为太极拳理、法之极品之作，也是第一篇最深刻、最系统阐述太极拳技理的著作，王宗岳因此而奠定了在太极拳中的重要基础。此论以阴阳理论为指导，论述了太极拳的原理、特征、练习方法、注意事项，分析了太极拳在练习和技击中的易犯错误。行文流畅，其中很多句子成为后世研教、习学者的名言名句。

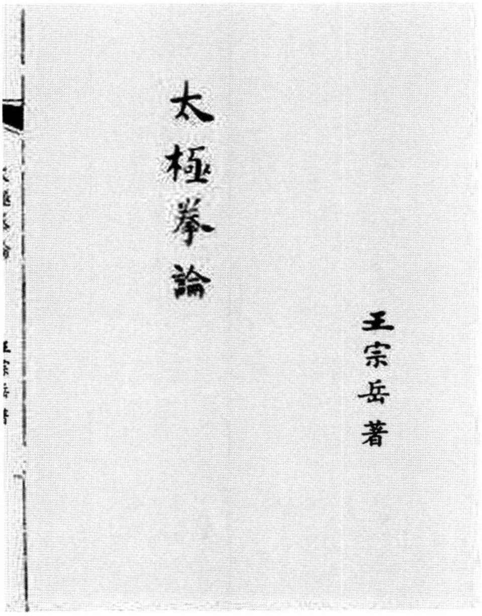

图2–1　《太极拳论》古本

三、王宗岳《太极拳论》原文

太极者，无极而生，动静之机、阴阳之母也。动之则分，静之则合。无过不及，随曲就伸。人刚我柔谓之走，我顺人背谓之黏。动急则急应，动缓则缓随。虽变化万端，而理唯一贯。由着熟而渐悟懂劲，由懂劲而阶及神明。然非用力之久，不能豁然贯通焉！虚领顶劲，气沉丹田，不偏不倚，忽隐忽现。左重则左虚，右重则右杳。仰之则弥高，俯之则弥深。进之则愈长，退之则愈促。一羽不能加，蝇虫不能落。人不知我，我独知人。英雄所向无敌，盖皆由此而及也！斯技旁门甚多，虽势有区别，概不外乎壮欺弱、慢让快耳！有力打无力，手慢让手快，是皆先天自然之能，非关学力而有为也！察四两拨千斤之句，显非力胜；观耄耋能御众之形，快何能为？！立如平准，活似车轮。偏沉则随，双重则滞。每见数年纯功，不能运化者，率皆自为人制，双重之病未悟耳！欲避此病，须知阴阳：黏即是走，走即是黏；阴不离阳，阳不离阴；阴阳相济，方为懂劲。懂劲后愈练愈精，默识揣摩，渐至从心所欲。本是舍己从人，多误舍近求远。所谓差之毫厘，谬之千里，学者不可不详辨焉！是为论。（图3–1）

太極拳論

王宗岳

太極者無極而生動靜之機陰陽之母也動之則分靜之則合無過不及隨曲就伸人剛我柔謂之走我順人背謂之粘動急則急應動緩則緩隨雖變化萬端而理唯一貫由着熟而漸悟懂勁由懂勁而階及神明然非用力之久不能豁然貫通焉虛領頂勁氣沉丹田不偏不倚忽隱忽現左重則左虛右重則右杳仰之則彌高俯之則愈深進之則愈長退之則愈促一羽不能加蠅虫不能落人不知我我獨知人英雄所向無敵蓋皆由此而及也斯技旁門甚多雖勢有區別概不外乎壯欺弱慢讓快耳有力打無力手慢讓手快是皆先天自然之能非關學力而有為也察四兩撥千斤之句顯非力勝觀耄耋能御衆之形快何能為立如平準活似車輪偏沉則隨雙重則滞每見數年純功不能運化者率皆自為人制雙重之病未悟耳欲避此病須知陰陽粘即是走走即是粘陰不離陽陽不離陰陰陽相濟方為懂勁懂勁後愈練愈精默識揣摩漸至從心所欲本是舍己從人多誤舍近求遠所謂差之毫厘謬之千里學者不可不詳辨焉是為論

图3-1 《太极拳论》原文

四、图文解说王宗岳《太极拳论》

（一）太极者，无极而生，动静之机、阴阳之母也

“太极者”，太，大也，至也。古人“谓天地未分之前，元气混而为一，即太初、太一也”（《周易·系辞传》）。极是顶点、终极，是根柢，是枢纽。太极一词首见于《周易·系辞传》：“太极生两仪，两仪生四象，四象生八卦”（图4-1）。这里的“太极”是指派生万物的本原。北宋周敦颐继承了《易传》中的这一思想，并兼道家学说，著有《太极图说》，阐明太极之理。南宋朱熹在《朱子语类》卷九四里认为“总天地万物之理，便是太极”。北宋张载在《正蒙·太易》里借用“太极”一词来说明“气”。如说：“一物两体，气也”（图4-2）。明王廷相也把“太

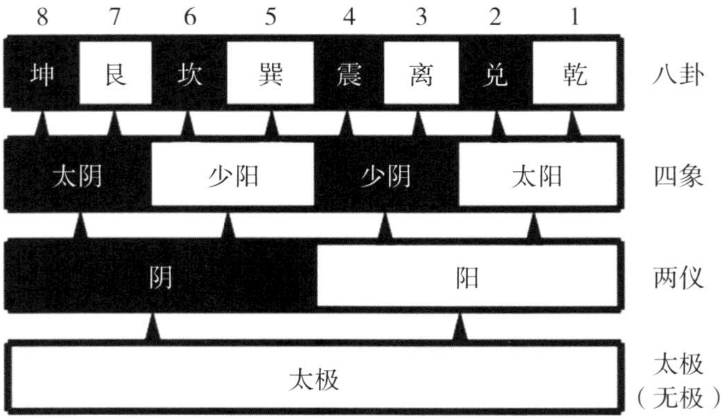

图4-1 太极生八卦

极”看作“天地未判之前，太虚浑沌清虚之气是也”。太极，我国古代天体演化论，为天地万物之根本，即“阴阳”也。其图模型呈圆形，内含阴和阳两个半弧形的类似鱼形的图案（图4-3）。

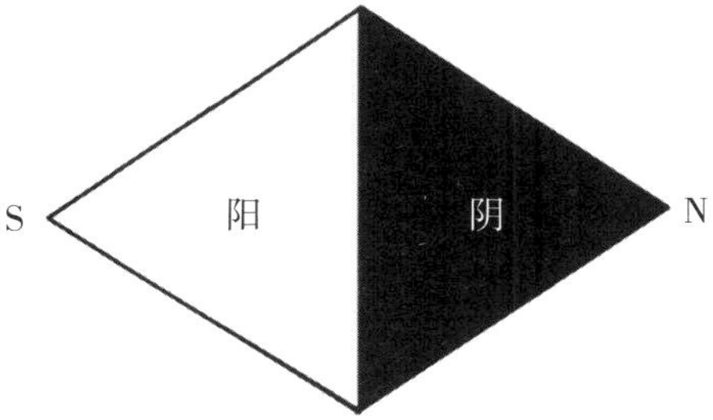

图4-2　一物两体（气）

图4-3　太极图

太极图是用来包涵天地万物的共同规律，所以，有人说太极是宇宙的模型，是科学的灯塔；太极是宇宙生化的本原，是物质世界统一性的基本形式；太极是万物运动变化规律的总概括，是气一元论的代名词。

太极拳采用这个名称，是因太极拳的动与静、虚与实、起与落、进与退、伸与屈、开与合、快与慢、刚与柔、发与化、吞与吐、引与随、攻与防、呼与吸、内与外……无不呈现出一对矛盾，整个运动是在矛盾中统一完成的。它刚柔相济，内外合一，极为符合太极所揭示的原理，故而命名为太极拳。

“无极而生”，这里的“无极”一词，首见于《老子》“知其白，守其黑，为天下式。为天下式，常德不忒，复归于无极”是指回复到宇宙最原始，无形无象的本体状态。“无极而生”的意思是“无中生有”，也就是说一切的“有”都是从“无”中生化的（图4-4）。“世界万物生于无”是古人的一个重要哲学观。用以描述“有”（万物）从“无”中生化的过程，称为太极。无极和太极其实是一义二用。《老子》的“道生一，一生二，二生三，三生万物”，《易大传》的“易有太极，是生两仪，两仪生四象，四象生八卦”，就是万物生化的普遍法则，是顺行造化的常道。

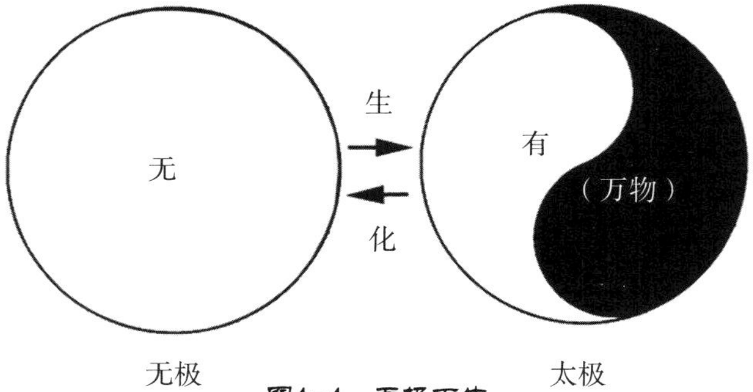

图4-4　无极而生

无极而生者，本于无极也。行拳之前静而不动，从思想上、动作上都在初步开始做准备，这时则可理解为“无极”阶段，即动前的静就是无极。准备做好，精神养足了，劲蓄满了，开始运动，运动起来即由起与落、进与退、伸与屈、开与合、快与慢、刚与柔、发与化、吞与吐、引与随、攻与防、呼与吸、内与外等来完成，这一对对矛盾，就是由静到动，由无极所生，这个过程则为太极。

“动静之机”，改变物体位置或方向即为“动”，相对保持物体的原来位置或方向为“静”。机者，朕兆也。如《阴符经》“天发杀机”之机。动静无端，阴阳无始。“机”这里指机缘、机遇、机会、时机。动静的变化过程所用的时间称为“之机”，现俗称为“变化”（图4–5）。

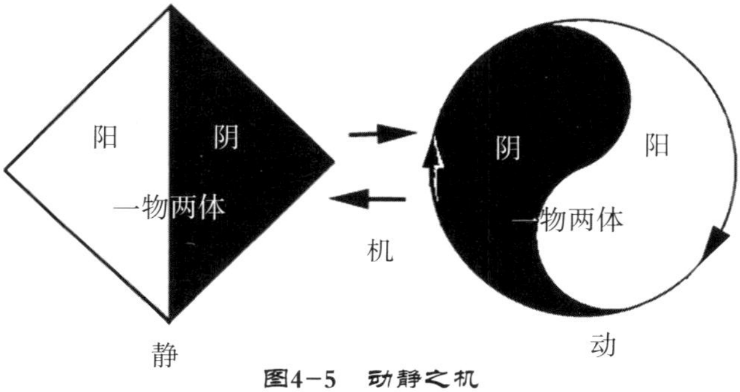

图4–5　动静之机

“阴阳之母也”，动静的变化，阴阳为根本。也就是阴阳两气包含在太极之中，所以说太极是阴阳之母（图4–6）。太极拳运动也是如此，动作变化过程中，是由阴变阳，由阳变阴，阴阳互变，贯穿行拳的全过程。例如，太极拳的起势动作，预备势到起势，是无极到太极。起势起脚抬腿横开落步，起为阳落为阴。两手上提，两掌随屈膝下按，上提为阳，下按为阴。起势是这样，任何一个动作都是如此。这些变化就是“之机”，这些“之机”都没离开阴和阳，所以说“动静之机，阴阳之母也”。

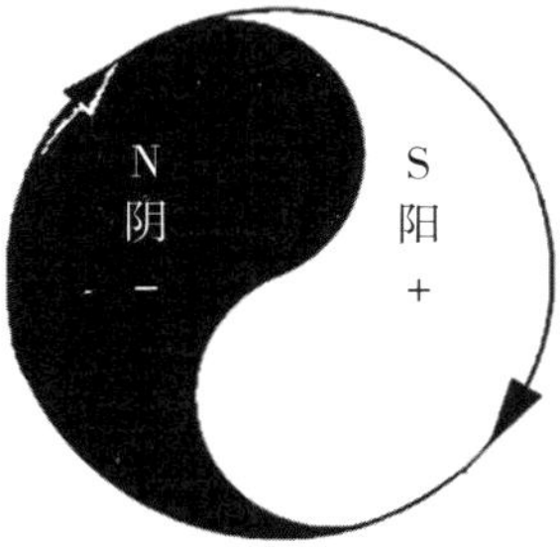

图4−6　阴阳之母

（二）动之则分，静之则合

“动之则分，静之则合”，讲出了动与静的特性。动是变动，即物体位置及方向的改变，这种改变相对原处位置来讲就是分。例如，物质进行旋转，就会产生向外的离心力，这种离开中心的现象就是“分”（图4−7）；静是相对停止、静止，物体位置没发生变化（含变化后静止时回到原位置），这种抱成一团没变化就是合。又如，物质停止旋转，物质就会向里聚，产生向心力，这种向中心聚的现象就是“合”（图4−8）。

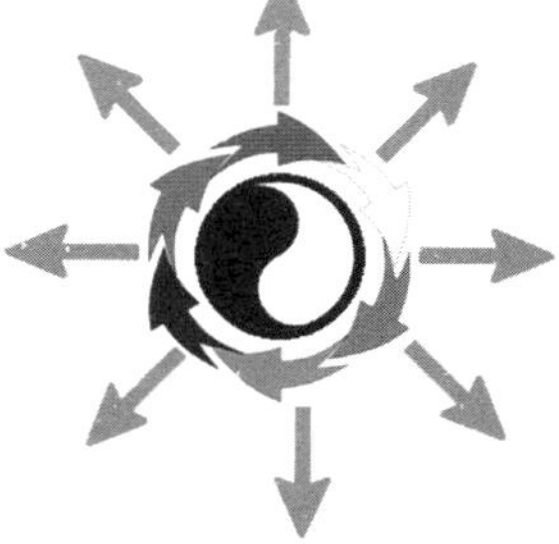

图4−7　动之则分

图4−8　静之则合

古人发现了这个现象，认为太极是一个混圆体，包含阴阳两气，动时这个混圆体就起变化，分阴分阳，所以说太极生两仪，也就是“动之则分”。静时仍然是一个混圆体，阴阳变化虽然相对静止，但阴阳的道理完全具备，所以叫作“静之则合”（图4–9）。

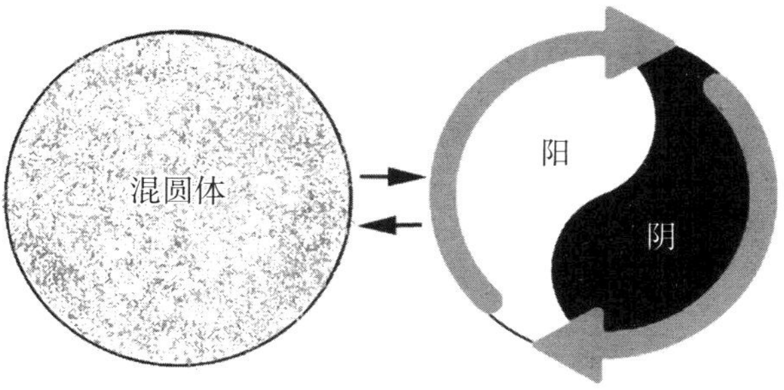

图4–9　静之则合，动之则分

太极拳的动与静也不例外，必须符合这一规律。所以练习太极拳，身体随着动作进退、伸屈、起伏、转折、吞吐、收发、虚实、刚柔、动静……进行着开（分）合。这里的进，如杨式太极拳的野马分鬃，由虚步站立，两手胸前做抱球状，两掌掌心相对，右手在上，高与肩平，掌心向下，左手在下，高与腹平，掌心向上，到左脚向前上步，脚跟先着地，身体重心前移，左脚踏实，屈膝半蹲，右腿蹬直成左弓步，同时，两手前后分开，左臂屈臂掤于胸前，掌心向里，拇指侧向前上，右掌按于右胯旁，掌心向下，指尖向前，目视前方，是开（分）（图4–10）；退，如杨式太极拳倒卷肱，由左开步站立，左掌前掤平举，掌心向上，掌指向前，右掌屈按于右肋旁，掌心向下，掌指向外前，到身体重心后移至右腿，左腿屈膝，左脚提起向后收脚退步于右脚内侧，前脚掌着地，左掌外旋下摆，稍向里屈收，同时右掌外旋，向后、向上、向前摆屈于左肩前，掌心向下，掌指向左，是合（图4-11）。

图4-10　进是开（分）

图4-11　退是合

伸，如杨式太极拳搂膝拗步，由右腿屈膝半蹲，左脚提于右踝内侧，右掌屈臂摆托于右侧方，高与耳尖平，掌心向前上，掌指斜向右上方，左掌屈臂于右腋前下方，掌心向下，掌指向右，左脚前上一步，左腿屈膝半蹲，右腿蹬直成左弓步，同时，左掌向下、向前经左膝前向左搂按于左胯旁，掌心向下，右掌屈臂经右耳侧向前推掌，高与肩平，掌心向前，掌指向上，目视右掌前方，是开（分）（图4–12）；屈，如杨式太极拳捋，由左腿在前，屈腿半蹲，右腿在后，挺膝蹬直，左弓步站立，左掌在前，右掌在后，两掌向前伸掌，左掌掌心向下，掌指向前，右掌掌心向上，掌指向前附于左肘内侧方，到身体重心后移，身体右后转，同时，两手随转身向右后下方捋掌，目视两掌方向，是合（图4–13）。

图4–12 伸是开（分）

图4–13 屈是合

起，如太极拳的收势，由两脚左右分开一步，两腿屈膝半蹲为马步，两手屈臂按于两肋内前方，掌心均向前，掌指均向上，到身体起立，两腿站直，两掌随起身向上提起，高与肩平，两掌掌心均向下，掌指均向前，目视前方，是开（分）（图4–14）；落，如太极拳分脚，由右腿支撑身体，左腿屈膝提起，向左上直腿摆起，脚背绷平，同时，两掌直臂向两侧分撑，掌心均向外，掌指均向上，到左腿屈膝，左脚里收下落于右踝内侧，前脚掌虚点地，同时，两掌向下、向里合抱于腹前，掌心均向里，掌指均向下，目视左方，是合（图4–15）。

图4–14　起是开（分）

图4–15　落是合

转，如陈式太极拳拗步斜行，由左腿屈膝半蹲，右腿挺膝蹬直为左弓步，左勾直臂左前平举，勾尖向下，右掌屈臂于左肩前，掌心向前，掌指向左，到身体右后转，随转体，左勾向前伸，勾尖向下，右掌稍内旋，向右横向摆举，外旋坐腕，掌心向右，掌指向上，是开（分）（图4–16）；折，如陈式太极拳单鞭前半式，由右腿屈膝半蹲，左脚前上半步，脚掌着地为左虚步，右勾右后侧举，勾尖向下，左掌屈臂于左肋前，掌心向上，掌指向右，到左腿屈膝，左脚里收于右踝内侧，脚尖虚点地，同时，右勾稍向下，左掌稍向右上，目视左侧方，是合（图4–17）。

图4–16　转是开（分）

图4–17　折是合

吐，如杨式太极拳按，由两脚前后分开一步，身体重心后移，左腿屈膝半蹲成右虚步，两掌屈臂收于腹前上方，掌心均向下，掌指均向前，到身体重心前移，右腿屈膝半蹲，左腿挺膝蹬直成右弓步，同时，两掌向上、向前下推按，掌心均向前，掌指均向上，目视两掌方向，是开（分）（图4–18）；吞，如杨式太极拳捋，由右腿在前，屈腿半蹲，左腿在后，挺膝蹬直，右弓步站立，右掌在前，左掌在后，两掌向前伸掌，右掌掌心向下，掌指向前，左掌掌心向上，掌指向前附于右肘内侧方，到身体重心后移，身体左后转，同时，两手随转身向左后下方捋掌，目视两掌方向，是合（图4–19）。

图4–18　吐是开（分）

图4–19　吞是合

发，如陈式太极拳裹鞭炮，由右腿屈膝半蹲，左脚里收于右踝内侧，脚尖虚点地为丁步，两拳腹前交叉，左拳在外，右拳在里，拳心均向里，拳面斜向下，到左脚左侧上一步成马步，两拳向上、向外下劈与肩平，拳心均向上，拳面均向外，目视前方，是开（分）（图4–20）；收，如陈式太极拳收，由左腿在前，屈腿半蹲，右腿挺膝蹬直成左弓步，两掌前上伸，掌心均向下，掌指均向前，到身体重心后移，右腿屈膝半蹲成为马步，同时，两掌外旋屈肘里收于两肋前，掌心均向上，掌指均向前，目视前方，是合（图4–21）。

图4–20　发是开（分）

图4–21　收是合

实，如杨式太极拳搬拦捶后半动作拦捶，由右腿半蹲支撑身体，左腿屈膝，左脚收于右踝内侧，脚尖点地成丁步，右拳屈抱于右腰侧，拳心向上，拳面向前，左掌向前稍向右拦掌，掌心向右前，掌指向上，到左脚前上一步，屈膝半蹲，右腿挺膝蹬直成左弓步，同时，右拳立拳向前直臂冲拳，拳眼向上，拳面向前，左掌附于右肘内下侧，掌心向右，掌指向上，目视右拳方向，为开（分）（图4–22）；虚，如杨式太极拳手挥琵琶，由左弓步，右掌前推，高与肩平，掌心向前，掌指向上，左掌按于左胯旁，掌心向下，掌指向前，到右脚前上半步，屈膝半蹲，左脚脚尖翘起成左虚步，左掌向前上探掌，左掌心向右前，掌指向前上，右掌屈于左肘内下侧，掌心向下，掌指向前，目视左掌前方，为合（图4–23）。

图4–22　实为开（分）

图4–23　虚为合

刚，如陈式太极拳青龙出水，由马步站立，左掌向右前下伸，掌心向右前，掌指向下，右拳屈肘于右肩前，拳心向里，拳面向上，到右拳向下、向右前绷拳冲打发力，同时身体微左后转，左掌屈收于左腰侧，掌心向里，虎口侧向上，目视右拳方向，为开（分）（图4–24）；柔，如陈式太极拳六封四闭前半动作，由右偏马步站立，右掌向右侧平举探掌，掌心向右，掌指向上，左掌屈收于左肋前，掌心向上，掌指向右，到身体放松，右掌向下、向左划弧于左掌背下，两掌合抱于腹前，目视前方，为合（图4–25）。

图4–24　刚为开（分）

图4–25　柔为合

动，如太极拳起势，由并步直立，到左脚左开一步，成开立步，同时，两掌向上直臂提起，高与肩平，两掌掌心向下，掌指均向前，目视前方，为开（分）（图4–26）；静，如杨式太极拳双峰贯耳，由右脚在前，身体重心后移于左腿，左腿屈膝半蹲，右脚脚跟着地成右虚步，到身体重心前移，右腿屈膝半蹲，左腿挺膝蹬直成右弓步，同时，两掌内旋向前、向里贯拳，两拳拳面相对，拳眼均斜向下，目视两拳方向，为合（图4–27）。

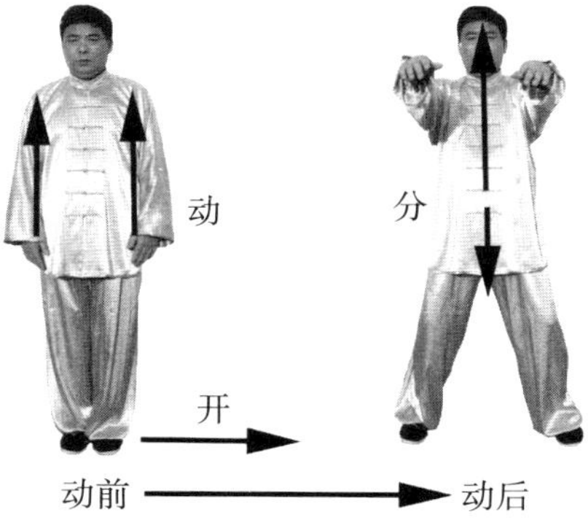

图4–26　动为开（分）

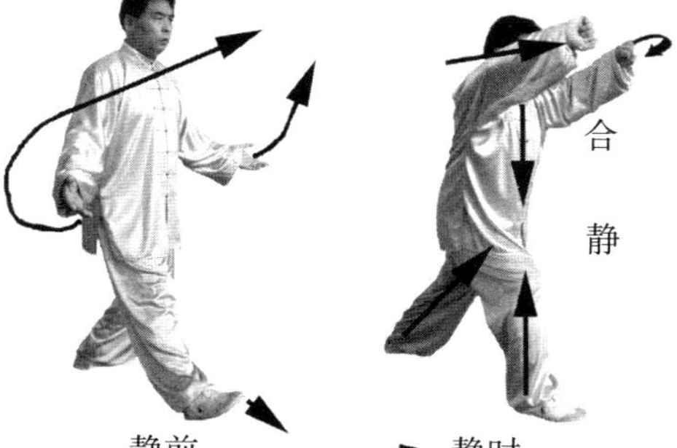

图4–27　静为合

太极拳推手或技击也是如此。在进攻前的守护式或称预备式、戒备式、警戒式，总之是攻前准备式，要求站立太极五行桩势（其桩势，可参考安在峰所著的《太极拳推手快速入门不求人》《太极推手绝技》和《太极推手秘传》等书，里面有详细介绍），身体必须具备五张弓（两臂、两腿和躯干都要屈成弓势，故称“五弓”）（图4–28）。将身体尽量缩小，这样才能将力储满蓄足，才能产生大的势能，这种将身体尽量里缩就是合（图4–29）。

图4–28　太极五行桩

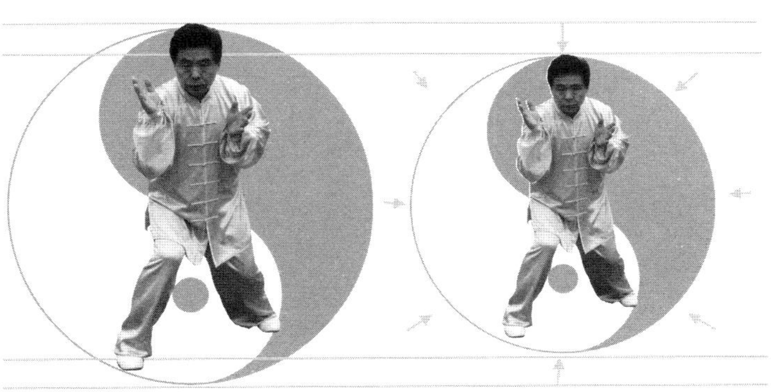

图4–29　身体缩小就是合

吸化、引化同样如此。当对方向己方胸部或腹部攻击发打而来时，己方可顺其来劲吞身吸化其来力或向己方两侧引化其来力，使对方来力不及己方之身，让对方落空，这种吸化和引化也是合（图4–30、图4–31）。

图4–30 吸化也是合

图4–31 引化也是合

当己方发打、发放时，则会使身体五张弓绷开外张，身体由小变大，使身体产生一种势能，将身体储蓄的力量发放出来，作用于对方身上。身体的这种外张放大发力就是开（分）（图4–32）。

图4-32　身体放大就是开

在太极拳的“引、化、发、打”四大技法里，引、化为合，发、打为开（分）。也就是防为合（图4-33），攻为开（分）（图4-34）。

图4-33　防为合

图4-34　攻为开（开）

（三）无过不及，随曲就伸

“屈”就是弯曲，指的是肢体向里回收、里合（图4–35）。“伸”就是展开，伸直、伸展、伸开、延伸（图4–36）。

图4–35　屈

图4–36　伸

“随曲就伸”讲的是太极拳动作的方法。在练太极拳时，当身体重心后移，左腿屈膝半蹲，右脚脚尖翘起，两掌屈臂收按于腹前时，后坐里收到一定程度（随曲），（就伸）则随之向前移重心，右腿屈膝半蹲，左腿挺膝蹬直，成为右弓步，同时，两掌向上、向前推按，高与肩平，掌心均向前，掌指均向上，目视两掌方向（图4–37）。

图4-37　随曲就伸

“过”就是过分，超越的意思。打太极拳时，出拳过刚，臂伸过直，拳打过远，都是犯了太极拳之“过”病（图4-38）。出拳过刚易失重心，伸臂过直，打拳过远，回收路程远，所用时间长，不利防守。

“及”够着、到达、触着的意思（图4-39）。

图4-38　“过”病

图4-39　及

“无过不及”是对太极拳动作方法的要求。练太极拳时，动作不可屈得过狠，屈得过狠则不舒展，在应用时就无法击到对方。因此，练习太极拳要求无不及和无过（图4–40）。

图4–40　无过不及

太极拳是一种身体的运动，身体的运动概括起来讲，也就是“屈”与“伸”阴阳两大类动作，即合与开。“随曲就伸”揭示了太极拳运动的规律，运动起来屈收过后必伸开，伸开之后就必须屈收，只有这样才是运动，假若屈着不伸，或伸着不屈，那就成了定势，或为静止了，这就没了运动，也不叫打拳了。在打拳的过程中，伸要伸得开展，即头要上领，气要下沉，臂要屈而不屈，直而不直，伸无过又无不及，刚而不僵，柔而不散，力撑八面，周身浑元，称为姿势舒展（图4–41）；屈要里合抱得住，即气沉丹田，提肛吊顶，含胸拔背，转体裹旋，叠臂屈抱，命门后撑，收腹敛臀，腿屈半蹲（图4–42）。这样做动作才能舒展大方，力道顺畅，发得出力，动作才能到位，符合要求。该伸的伸不开，该收的收不拢，拳不但打得散，而且动作不能到位，窝窝瘪瘪，拳就很难练好。

图4-41 姿势舒展

图4-42 屈抱里合

进行太极拳推手时，要根据客观情况的变化来进行屈伸进退，根据对方的动作而采取不同的屈伸方法，随对方的屈伸而屈伸，人屈己伸（图4–43），人伸己屈（图4–44），要和对方的动作合拍，高度一致。

图4–43　人屈己伸

图4–44　人伸己屈

不要过与不及，要不顶不丢，对方进一寸，己方退一寸，对方进一分，己方退一分（图4–45）；对方退一寸，己方进一寸，对方退一分，己方进一分（图4–46）。退得少了或进得多了称为顶，退得多了或进得少了称为丢。这种不丢不顶动作的合拍，在太极拳推手里叫“粘连黏随”。

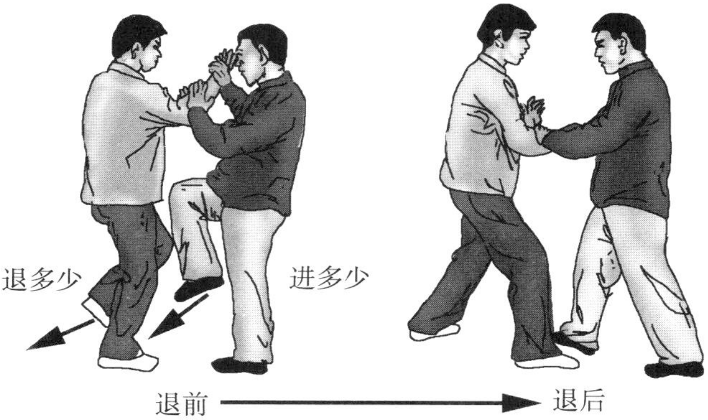

图4–45　一进一退

图4–46　一退一进

在太极拳技击里，引化、吞化为屈；发打、发放为伸。对方发打或发放，己方就引化或吞化（图4–47）；对方做吞化、引化时，己方就顺势发打或发放（图4–48），这就是“随曲就伸”。

图4–47 发打：引化

图4–48 引化：发打

在引化或吞化时，若时机过早或过晚，都不能收到良好的效果（图4–49），过早，对方会改变劲向（图4–50），若过晚，己方就会被击中而受力（图4–51）。

图4-49 吞化过早、过晚

图4-50 吞化过早被改向而击中

图4-51 吞化过晚被击中

什么情况下的引化与吞化，才无过和无不及地恰到好处呢？那就是当对方攻来之拳将着己方皮肤而还没着实时，即将及未及时吞化，是最为恰到好处的时机（图4–52）。

图4–52 化解来拳时机

发打或发放时，时机过早或过晚，对方就会有破坏己方之劲的机会，发打时发劲过早，己方所发之劲就会被对方所堵住（图4–53），常言道：劲是一条龙，堵在窝里是条虫，劲被堵住，就很难发挥作用。己方发力过晚，就给对方摸劲找劲的时间，所发之劲就会被对方所引化掉（图4–54），无法收到发打或发放效果。

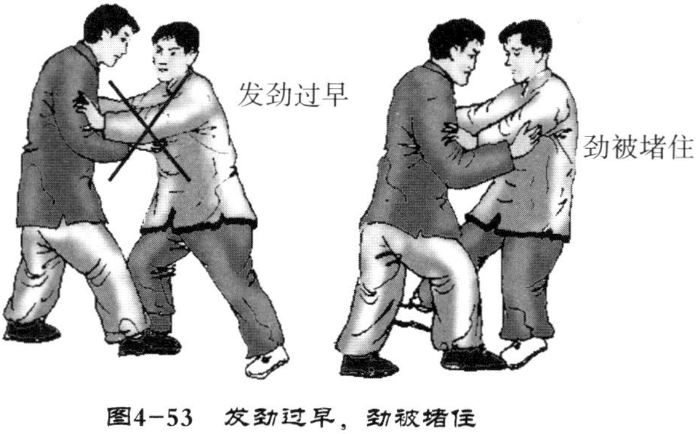

图4–53 发劲过早，劲被堵住

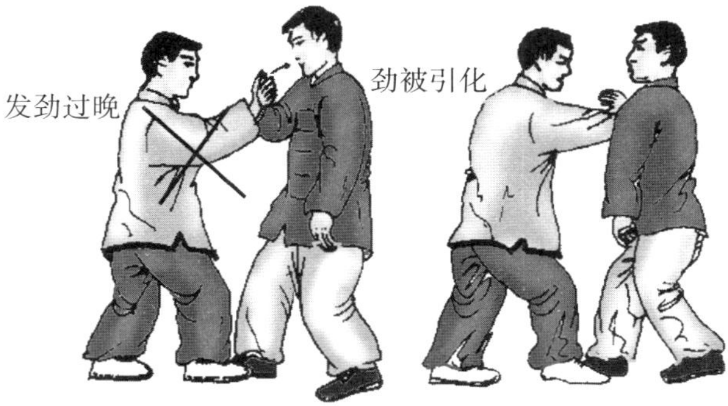

图4-54　发劲过晚，劲被引化

那么，什么时候是发打或发放的最佳时机呢？最佳出击的时机应该是在对方欲动而还没动之时或是对方旧力已过，新力未生之际，也就是当对方攻击己方落空时，己方顺其来劲，加力捋带，可使对方前跌（图4-55）。对方攻击落空，旧力已过，新力未生之际，就是出击最佳的时机。

图4-55　出击最佳时机

若从动作角度来讲，引化或吞化动作过小或过大，也收不到好的化劲效果，动作过小则会被击中（图4–56），动作过大，不仅多做了功，消耗了体力，还使身体露出的空当儿被对方所制（图4–57）。

图4–56　吞化动作过小，被推出

图4–57　吞化动作过大，被抓住空当儿

那么，引化或吞化到什么程度才是无过和无不及的恰到好处呢？引化的恰到好处，应该是引化动作不大不小，不早不晚，将对方来掌引化的刚偏离己身，而不及己身时为最好（图4–58）。吞化到什么程度为最佳呢，应该是吞化到对方攻来之臂伸直、伸尽，刚不及己身时为最佳（图4–59）。

图4–58　引化恰到好处

图4–59　吞化恰到好处

发打、发放时，动作用力过大或过小，用力过大，劲易出尖，不但浪费了多余的力量，而且一旦失去支点，就会向前冲出而跌地（图4–60）；用力过小，达不到移动对方重量或击伤对方的力量，就很难把对方放出或打伤（图4–61）。

图4–60　用力过大，失去支点前跌

图4–61　用力过小

那么，用多大的劲力打、放、摔击对方为最好呢？一般是在对方之力的同等大小的基础上再加上四两的劲力为最好，也就是略大于对方之力，能将对方打倒或打伤即可，这就是所说的“四两拨千斤”。例如，对方用千斤力推己方左肩部，己方左肩部用同等力绷住，然后己方左肩突然松开使对方之力失去支撑点继续前冲，己方在对方惯性继续前冲的基础上右掌在其后背上再加四两力，使其前跌（图4–62）。因此太极拳技击时要求无过和无不及要恰到好处。

图4–62　四两拨千斤

若要做到无过和无不及，首先要学会懂劲和听劲。能够预判出对方来劲的大小、长短、方向及时机（间），还要掌握攻防的一般规律。

听劲是肢体皮肤与对方的接触中对对方来力大小、快慢、方向和作用点的感知反应。听劲有触听、视听和神会听三种。触听是通过接触皮肤对对方劲道的感觉。常用双方搭手，令对方推自己，细心体会对方的劲力大小、快慢、方向和作用点的变化感觉来进行训练，通过常期练习则能提高。

触听练习常进行的有胸部触听练习、肩部触听练习、上臂触听练习等。练习时让对方搭手在己方某部位上，令其用任意大小、方向的劲力推己方；己方细心体会对方之劲力，以提高触听能力（图4–63）。

胸部触听练习

左胸部触听练习

左肩部触听练习

两上臂根触听练习

左臂触听练习

图4–63　触听

视听是通过观察审势对方表情、动作的变化的觉察。通常采用双方搭手，令对方推己方，己方注意观察对方面部神态、身体调整及部位的变化情况，来判断对方劲道，经常训练，以提高视听能力（图4-64）。

图4-64 视听

神会听是高层次功夫的听劲，这时对对方的进攻意图、方法及所来的劲道都有极强的预判能力，听劲、化劲、发劲已融为一体，或成为肌肤感应的自然本能。神会听是在触听、视听基础上的升华，是通过触听、视听不断求精的练习而提高的。例如，当对方向己方攻来时，己方用触听、视听训练所升华的功夫，预判出对方的来势、方法及劲道，提前做好应对；对方一触己方皮肤即听化发于一体，将对方放出，即可一触即发，随心所欲，自然而然（图4–65）。

图4–65　神会听

武术各流派的共同总结，如“上来挑架，下来搂挂，中来左右拨拉”“直来横去，横来直去”“对方旧力已过，新力未生之际而击之”“刚在他力前，柔在他力后”“出手软棉，着身硬如铁”“进低退高，侧锋入”“借力打力”等，这些技击经验及攻防规律，在太极拳技击中仍能适用，但在使用中需做到无过和无不及。

（四）人刚我柔谓之走，我顺人背谓之黏

“走”是离开、出去的意思。“黏”是控制、束缚的意思。理解了这两个字的意思，“人刚我柔谓之走，我顺人背谓之黏”这句话就好理解了。

“人刚我柔谓之走”是告诉我们，在太极拳推手及技击里，当对手刚劲有力地向己方攻来时，己方用柔和之劲或借其劲或顺其来力方向，向一旁身后引化，使对方落空而失去重心，向己方身后跌出的方法，这种方法称为“走”（图4-66）。

图4-66　“走”

当对方用大力拉拽时，己方用柔软之力顺对方拉拽之力，借其劲向前推送（发放）对方，将对方发放推出的“人刚我柔”的技法，也称为“走”。例如，对方捋带己方手臂时，己方不与其抗争，屈臂顺其劲加力向前挤送，使其向后倒出，谓之“走”（图4-67）。

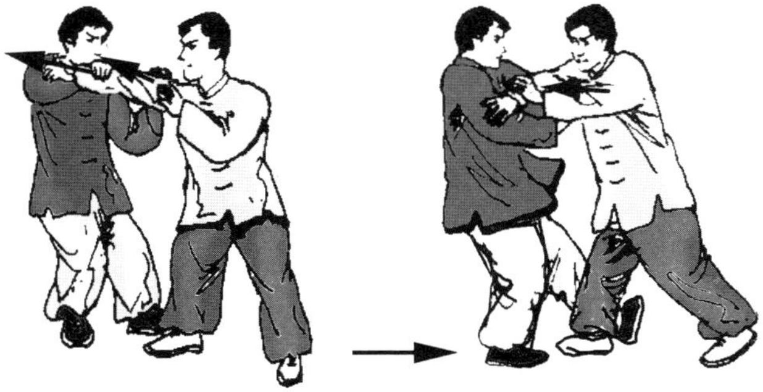

图4-67 “走”

这是仅举的向前、向后攻击、防守的两个例子，当然向左、向右、向上、向下等不同方向进攻和防守的以柔克刚的方法，均称为“走”。“人刚我柔”是一种以柔克刚的技术方法，“走”是使用这种技术产生的效果。“人刚我柔”也是对“走”的注解。

“我顺人背谓之黏”，在太极拳推手及技击里，己方若能够自主，随心所欲，得心应手，就是顺；当己方能顺畅使用掤、捋、挤、按、採、挒、肘、靠、粘、黏等手法致使对方无法自主，不能变化，被束缚住，身感别扭不舒的被动状态，则称为“背”。造成对方“背”的控制术叫作“黏”。

在太极拳推手或技击里常用的“黏”法，有双手捧托索住两肘法、一臂挑腋一手固腕法、一臂挑腋一手固肘法、两手臂夹固两手臂法、双臂抄挑双腋法等。这种我“顺”可以自主，随心所欲；对方“背”，不能自主，无法变化被控制的技术，称为“黏”（图4–68）。

图4–68　“黏”

“黏”这个字，是三百余年前俞大猷、戚继光等提出来的，武术书上最初见于明朝俞大猷的《剑经》，在他的对打棍法（不是套路的对打）中有时用黏字，到清初，太极拳推手就完全用黏劲，于是“黏”成了术语。“黏”的这种控制术在太极拳推手及技击里，是克敌制胜的主要技术。其技术经过长期练习才能逐步提高。其练习常用方法有以下几种：

练习有挂掌黏腕练习、捋带黏臂练习、折叠掤按练习、双缠黏臂练习等。

挂掌黏腕练习：甲左掌推乙胸，乙右上引挂甲左腕；甲再用左掌推乙腹，乙向右下引挂甲左腕；甲换右掌推乙胸，乙左上引挂甲右腕；甲再用右掌推乙腹，乙向左下引挂甲右腕。照法乙推甲，甲引挂乙腕，如此可反复练习（图4–69）。

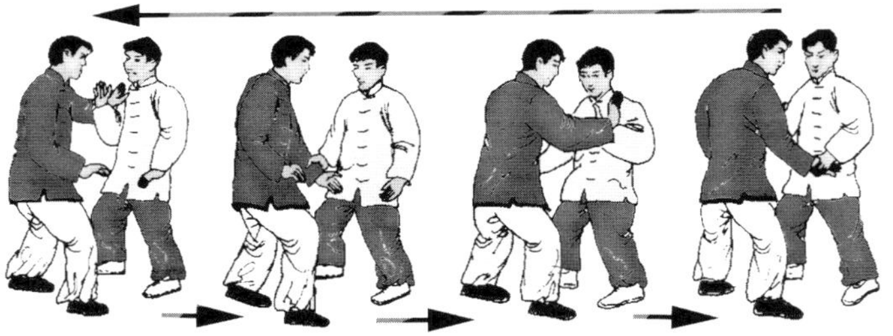

甲：左掌推胸　甲：左掌推腹　甲：右掌推胸　甲：右掌推腹
乙：右上引挂　乙：右下引挂　乙：左上引挂　乙：左下引挂

图4–69　挂掌黏腕

捋带黏臂练习：甲推左掌，乙黏甲腕肘顺劲向左后捋带甲左臂；甲再推右掌，乙黏甲腕肘顺劲向右后捋带甲右臂。照法乙推掌，甲捋带乙臂，如此可反复练习（图4–70）。

甲：推左掌　乙：左捋带　甲：推右掌　乙：右捋带

图4–70　捋带黏臂

折叠掤按练习：甲两手向前按乙胸部，乙两掌上掤分挂甲两臂；乙两掌向前按甲腹部，甲两掌下按分挂乙两臂；甲两掌前按乙腹部，乙两掌下按分挂甲两臂；乙两手向前按甲胸部，甲两掌上掤分挂乙两臂。照法可反复练习（图4–71）。

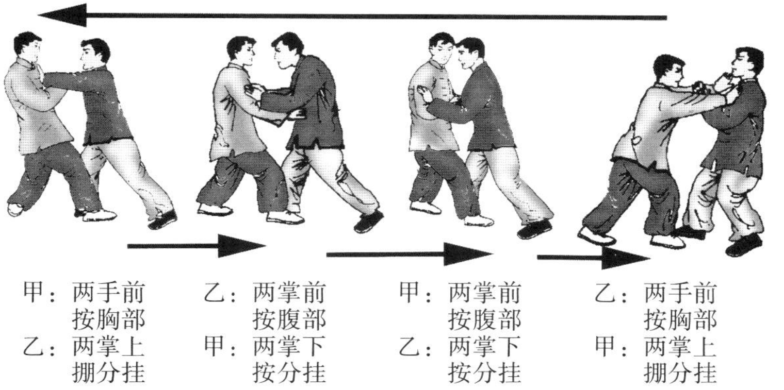

图4–71　折叠掤按

双缠黏臂练习：双方两臂相互从外向上、向里、向外下缠绕找对方两腋，向其两腋下伸穿，另一方阻止，如此不停进行缠绕寻找机会（图4–72）。

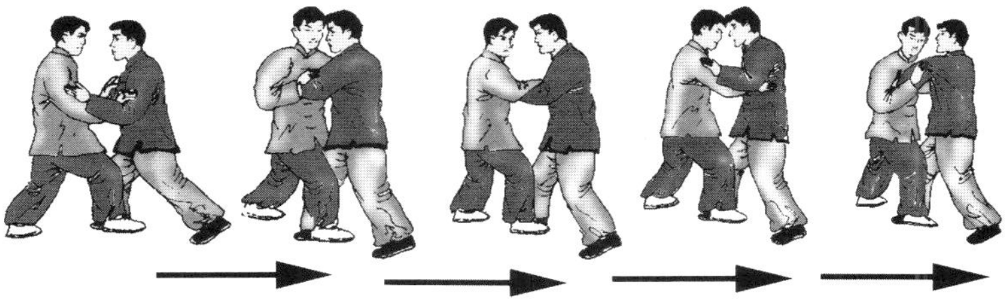

图4–72　双缠黏臂

（五）动急则急应，动缓则缓随

“动急则急应，动缓则缓随”，要理解这句话，首先要弄清“急”“应”“缓”“随”这四个字。

“急”是快，疾，急切、急速、急迫的意思。“应”是相应、对应、呼应、顺应、应和的意思。“缓”是慢、迟、缓慢的意思。“随”是顺从、跟随、随和的意思。

“动急则急应”，意思是在太极拳推手及技击时，当对方快速向己方发起进攻，己方以快速的动作快速应对。这种动急则急应，应该做到“敌不动，我不动，敌欲动，我先动”“彼微动，己先动”。例如，对方欲快速发力推己方，察之，急忙用两手黏其两肘或前臂或肩，将其劲堵截住，使其劲不能发于两手，则就无法作用于己身（图4–73）。这种堵截之法，就是“动急则急应”的应用实例。要做到不让对方之劲出体，将其

图4–73 动急则急应

堵截在窝里，就必须达到“彼微动，己先动”的要求。

“动缓则缓随”，意思是在太极拳推手及技击时，对方动作缓慢，己方也应当以缓慢的动作相应地顺从着跟随。而不可急切行动，以便听对方之劲，对方使多大劲己方就随着使微微超过他的劲，掤着对方，并在缓慢中将己方之劲慢慢渗透对方之体，将其在不知不觉中被己方所控制或打出。例如，甲乙相互对峙，乙左臂右打甲右肩，甲右肩向右抗；乙随甲右抗之劲，顺其劲向左打甲左肩，使其向右侧倒出。又如，甲乙相互对峙，乙双臂抄甲两腋，右臂向左加力；甲向左抗力，乙随甲左抗之力，顺其劲左手向右横打甲右背，使其向左前倒出。再如，甲乙相互对峙，乙双手托住甲两腕，右手向左上加力，甲向左抗劲，乙随甲之抗劲松右手，左掌向右横打甲右背而左前倒出（图4–74）。这些都是“动缓则缓随”的妙用。

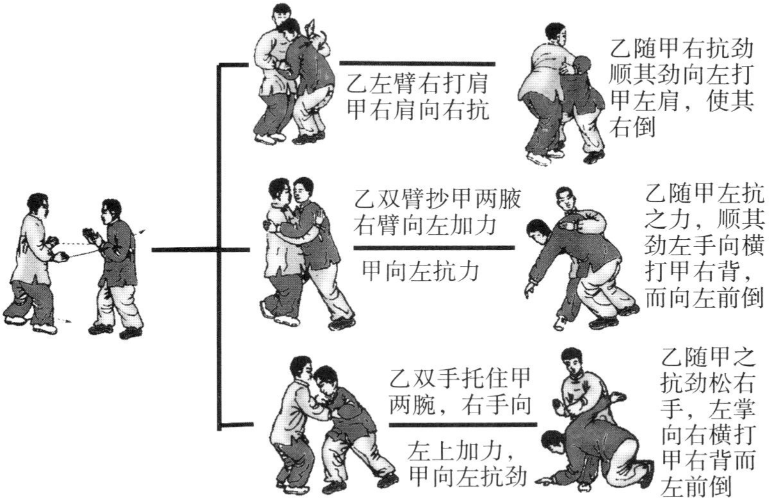

图4–74 动缓则缓随

通过以上分析来看，动作的快慢要决定于对方动作的快慢，不可自作主张。手臂放松，触觉灵敏，才能急应缓随；处处合拍，才能制人而不为人所制。

（六）虽变化万端，而理唯一贯

“虽变化万端，而理唯一贯”，整句话的意思是不管太极拳动作怎样千变万化，而其动开静合，随曲就伸，有起有落，刚极必柔，柔极则刚，逢转必沉，遇沉必领，定则松沉的规律及呼吸的起吸落呼，合吸开呼，收吸发呼的基本法则原理却是一贯的。

在太极拳推手及技击时，无论对方动作如何千变万化，而己方总要按照逢力必掤，逢掤必缠，逢缠必转，逢转必沉，黏走相生，急应缓随，处处合乎虚实、处处合乎阴阳、处处合乎力学的这一原理的法则，贯穿整个过程中。

（七）由着熟而渐悟懂劲，由懂劲而阶及神明

“由着熟而渐悟懂劲，由懂劲而阶及神明”，这是太极拳功夫练习的三个阶段，即着熟、懂劲、阶及神明。

1. 着熟

“着”在《现代汉语词典》里注释“‘招’同‘着’”。着是招势、招法、招数的意思，是指武术动作，这里指的是太极拳动作。

着熟就是招熟，是指动作熟悉、动作熟练。招熟阶段是太极拳练习的第一阶段，也是打基础的阶段。在这个阶段，

行拳时要求在姿势、动作上打好基础，把拳套中的步型、步法、腿法、身法、手型、手法、眼法等基本要求弄清楚，做到方法正确，姿势标准、步法稳定、动作舒展、柔和、连贯；盘架时要求轻灵，做到松、静、正、慢、匀、稳六字。迈步如猫行，运动如抽丝；内功修练着重于练丹田内气，做到全身舒松，沉肩垂肘，含胸拔背，腰胯放松，采用腹式呼吸，呼吸与动作密切配合，小腹充实，精力充沛。

现将杨式太极拳常用的基本步型、步法、腿法、身法、手型、手法、眼法等分别介绍如下：

杨式太极拳常用步型：杨式太极拳最常用的步型有开立步、马步、弓步、丁步、虚步、仆步（图4–75）。

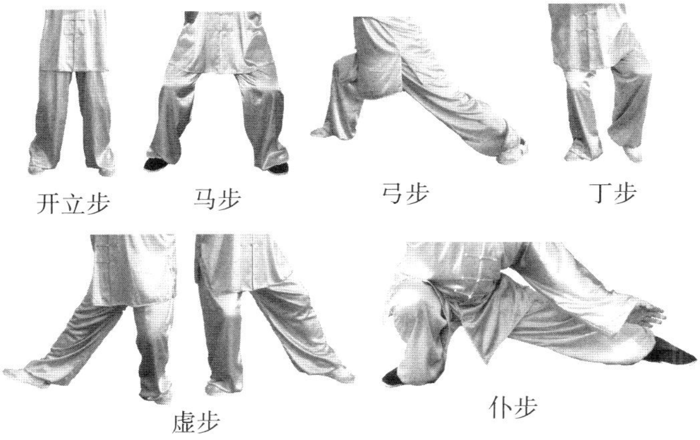

图4–75　杨式太极拳常用步型

开立步：两脚横开与肩同宽，两腿自然伸直，两脚脚尖微微内扣，全脚掌着地，五趾抓地，足心含空。

马步：两脚横开，两脚间距约三脚长，两腿屈膝半蹲，大腿接近水平，膝不超出足尖，两脚脚尖微微内扣，全脚掌着地，五趾抓地，足心含空。

弓步：两脚前后分开一大步，前脚脚尖微微内扣，前腿屈膝半蹲，小腿与地面垂直，膝不超出脚尖，大腿接近水平，后腿挺膝蹬直，脚跟不可掀起，两脚不可在一条直线上，要有15～20厘米的横间距离。

丁步：一腿屈膝半蹲，小腿与地面垂直，大腿接近水平，膝不超出脚尖，另一腿屈膝收于支撑腿内侧，脚尖虚点地于支撑脚踝内侧。

虚步：一腿屈膝半蹲，小腿与地面垂直，大腿接近水平，膝不超出脚尖，身体重心在支撑腿上，另一腿前开一步，脚尖或脚跟虚着地，两腿虚实要分明。

仆步：一腿全蹲，全蹲之脚、腿尖稍外展，另一腿向一侧方横平铺腿，挺膝伸直，全脚掌着地，不可掀翻。

杨式太极拳常用步法：杨式太极拳常用的步法有前上步、侧行步、后退步等（图4–76）。

图4–76　杨式太极拳常用步法

前上步：（前上右脚为例）左腿半蹲支撑身体，右腿屈膝提起，脚尖自然下垂，高不过踝，向前上一步，脚跟先着地，随身体重心前移，右脚渐渐踏实，并屈膝半蹲，左脚脚跟外碾蹬地，挺膝慢慢蹬直成右弓步。

侧行步：（左行步为例）由左丁步站立开始，左脚提起向左跨进半步，脚尖先着地，随身体重心左移的同时，左脚渐渐踏实，当身体重心移于左腿时，右脚随身体重心左移同时，先提脚跟再提脚尖，向里收半步，脚尖点地，成为右丁步。

后退步：（后退右腿为例）左腿半蹲支撑身体，右腿屈膝提起，脚尖自然下垂，高不过踝，向后退一步，脚尖先着地，随身体重心后移，右脚渐渐踏实，屈膝半蹲，身体重心后移于右腿，左脚跟提起，成为左虚步。

杨式太极拳常用的腿法：杨式太极拳常用的腿法有蹬脚、分脚、拍脚等（图4-77）。

蹬脚　　分脚　　拍脚

图4-77　杨式太极拳常用腿法

蹬脚：（右蹬脚为例）左腿支撑身体，右腿屈膝提起向右上方勾脚蹬出，脚心向右上方，同时两掌左右侧平举，掌心均向外，目视右脚方向。

分脚：（右分脚为例）左腿支撑身体，右腿屈膝提起向右上方分出，右脚面绷平，脚尖向右上方，同时两掌左右侧平举，掌心均向外，目视右脚方向。

拍脚：（右拍脚为例）左腿支撑身体，右腿向前上方摆踢，右脚面绷平，脚尖向前上方，同时左拳屈肘收抱于左腰侧，拳心向上，拳面向前，右掌向前下迎拍右脚面于面前击响，目视右脚方向。

杨式太极拳常用身法：杨式太极拳常出现的身法有转、伏、下等（图4–78）。

转

伏

下

图4–78　杨式太极拳常用身法

转：（单鞭为例）由右横弓步，右掌右侧平举，掌心向右，拇指侧向下，左掌附于右前臂内侧，掌指向右，拇指侧向上开始，身体左转，身体重心稍向左移，左腿屈膝半蹲，右腿挺膝蹬直成左弓步，同时，右掌成勾，内旋向下，左掌随转体向左摆推，掌心向前，掌指向上，两臂成一条直线，目视左掌方向。

伏：（海底针为例）由左虚步站立，左掌按于左胯旁，掌心向下，掌指向前，右掌上摆于面前，掌指向前，拇指侧向上开始，上体前伏，右掌向前下插掌于裆前下方，掌指斜向下，拇指侧斜向前，目视右掌方向。

下：（左下势为例）由左弓步单鞭势开始，身体重心右移，右腿屈膝全蹲，左腿挺膝伸直铺平，成为左仆步，同时右掌向右经胸前向下从裆前沿左腿向左穿掌于左脚上方，掌心向前，掌指向左，目视左方。

杨式太极拳基本手型：杨式太极拳常用的基本手型有拳、掌、勾（图4–79）。

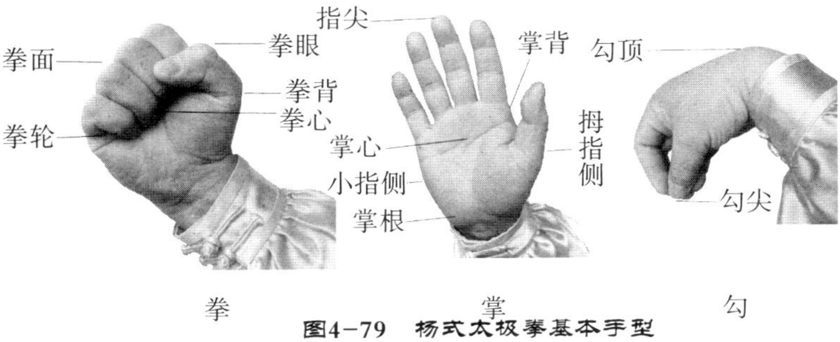

图4–79　杨式太极拳基本手型

拳：四指并拢卷握，拇指梢节屈压在中指中节上为拳。

掌：五指自然分开舒展，掌心微含为掌。

勾：五指捏拢，屈腕成勾。

杨式太极拳基本手法：杨式太极拳常用手法有掤、捋、挤、按等（图4–80）。

图4-80　杨式太极拳基本手法

掤：（左掤式为例 ）左弓步，右手按于右胯旁，掌心向下，掌指向前，左臂向左掤臂，高与肩平，左臂掤圆，掌心向里，拇指侧向上，目视左臂方向。

捋：（左捋式为例）偏马步，两掌由前向下、向左后捋于胸前，右掌在前，掌指向前，掌心向左，左掌在后于右上臂内下侧，掌指向右，掌心向右上，目视右掌方向。

挤：（右挤式为例）右弓步，右臂屈圆，掌心向里，拇指侧向上，左掌附于右腕内侧，掌心向前，指尖向上，助右前臂及右手背向前挤出，目视前方。

按：（右弓步按掌为例）右弓步，两掌由腹前向上、向前、向下按出，高与肩平，两掌掌心均向前，掌尖均向上，目视前方。

杨式太极拳基本眼法：杨式太极拳的基本眼法有随视和注视等（图4–81）。

两眼随右手运动而视　　两眼注视右掌前方

图4–81　杨式太极拳基本眼法

随视：就是眼随手动而视。如杨式太极拳搂膝拗步，眼要随着转身上步，搂膝推掌的推掌之手而视，这种眼随主攻手走的眼法就是随视法。随视多用于运动过程中。

注视：就是眼盯着一个目标而注视着。如手挥琵琶之定势时，两眼要注视前手之方向。这种盯着目标注视的眼法就是注视法。注视法多用于定势时。

在太极拳推手及技击练习时，这个阶段首先要站好桩，做好操手和对操练习。通过练习去熟悉其运动轨迹，掌握其运动要领，克服易出现的错误，理解其招法的运用，领略其中的变化奥妙。

其站桩、操手和对操的具体练习方法如下：

站桩练法：最重要的是要站好太极五行桩（右太极五行桩为例）。右脚向右前上一步，脚尖稍内扣，两脚脚跟稍向上抬起，两脚脚掌着地，两腿屈膝半蹲，两膝稍内扣，成为不弓不马的“太极五行步”，上体稍向前倾，使身体重心落在脚尖处，臀部里收，裆部向前翻卷，两手屈伸于胸前，两手成掌，五指自然伸开，掌指均向前，掌心均斜向前上方，右掌在前，左掌在后，左掌在右肘内侧方，目视前方（图4-82）。如此静站一定时间后，换步练习，姿势相同，唯左右方向相反。

图4-82　站桩（太极五行桩）

练习要点： 两足十趾抓地，敛臀提裆，收腹弓腰，脊背上拔，头顶上领，舌抵上腭，下颏微收，沉肩坠肘，全身高度放松，思想集中。

意念方法： 两掌轻微前（或上、或下、或左、或右）推，这时的推是意动而势不动（心里想着两手向前推动，而实际上手没向前移动），两掌前推时，用心仔细体会空气对手的阻力，通过此练习，可随着手掌对空气阻力感觉的增强而功力不断增长。

待两掌前推时，体会到掌前有极强的阻力后，再体会两掌前推时不仅向前有极强的阻力，而且向上也有极强的阻力；然后又体会到向下、向左、向右，甚至于向后也都有极强的阻力；这时体会到的各个方向均有极强的阻力，称为“浑圆力”。再继续练习，当体会到有一个方向上的力大于各个方向的力后，即冲破了“浑圆力”则大功告成。

功法作用：此桩能够贮劲蓄力，增长功力，可稳固根基，有利于发劲，有利于攻防，更有利于健身强体。因此，此桩是太极推手最重要的功夫，是太极拳推手基本间架，推手中万变不离此桩势，否则架散劲散，劲散则不稳，必败也。故有“万变不离五行桩”之说。所以，推手必须重点练好此桩。

时间安排：每次静站30~50分种，每日练习1~2次。

操手练习：操手练习是一种空练方法，即假设对方用各式攻击，想象用相应的手法而应。常做的操手练习有推、托、摇、挑、掤、捋、挤、按、云、挒等。

推练习法：由太极五行高桩势开始，身体下坐收缩成低太极五行势，然后两脚蹬地，挺腿、长腰、伸臂、展腕，向前上推两掌，使劲力由两脚通过两腿过腰背肩臂达两手十指（图4-83）。然后再下坐收缩成低桩势，如此反复练习。

图4-83　推

托练习法：由太极五行高桩势开始，身体下坐收缩成低太极五行势，然后两脚蹬地挺腿，稍右转身，长腰，左掌右上伸臂、展腕托掌，同时右掌右下按于右肋旁，使劲力由两脚通过两腿过腰背、左肩臂达左掌掌心（图4–84）。然后再下坐收缩还原成低桩势，如此反复练习。

图4–84　托

摇练习法：由右太极五行中桩势开始，两脚蹬地促使身体向左后转180°，两手随转体向左后摇摆成左太极五行中桩势后，身体再向右后转180°，同时两手随转体向右后摇摆还原成右太极五行中桩势（图4–85），如此反复练习。

图4–85　摇

挑练习法： 由太极五行高桩势开始，身体下坐收缩成低太极五行势，然后两脚蹬地，挺腿、长腰、伸臂、展腕，向前上挑两掌，使劲力由两脚通过两腿过腰背、肩臂达两手前臂（图4-86）。然后再下坐收缩成低桩势，如此反复练习。

图4-86 挑

掤练习法： 由右太极五行中桩势开始，两脚蹬地促使身体向左后转90°，左手随转体向左、向上、向右划弧于胸前，掌心向下，掌指向右，同时右掌向下、向左划弧于腹前，左掌下方，掌心向上，掌指向左，两掌掌心相对，成抱球状后，身体再向右后转90°，成中桩势，同时两手随转体右上左下分掌，右掌向右上掤掌，右臂掤圆，掌背向前，拇指侧向上，左掌向左下按掌于左胯旁，掌心向下，掌指向前（图4-87），如此反复练习。

图4-87 掤

捋练习法：由右太极五行中桩势开始，两脚蹬地促使两手向右前上方伸出，身体后坐，两手随身体下坐的同时，两手向下，向右后捋掌，动作不停，身体向左后转，同时两手随转体向左后捋掌于胸前（图4–88）。如此反复练习。

图4–88　捋

挤练习法：由右太极五行中桩势开始，两脚蹬地促使身体左转后坐，右手向左摆于左掌前，掌心向左，拇指侧向上，合抱于胸前，两脚继续蹬地，身体向右转，随身体向右转，向右平挤，右手手背向前，拇指侧向上，左掌附于右腕内侧，掌心向前，掌指向上（图4–89）。如此反复练习。

图4–89　挤

按练习法：由太极五行高桩势开始，身体下坐收缩成低太极五行势，两掌随身体下坐，里收两掌，然后两脚蹬地，挺腿、长腰、伸臂、展腕，向前上、向前下推按两掌，使劲力由两脚通过两腿过腰背肩臂达两掌掌心（图4–90）。然后再下坐收缩成低桩势，如此反复练习。

图4–90　按

云练习法：由右太极五行中桩势开始，两脚蹬地促使身体向下、向左、向上、向右转，两手在胸前，随身体的转动，右手向下、向左、向上、向右划圆，同时左手向上、向左、向下、向右划圆（图4–91）。如此反复练习。

图4–91　云

挒练习法：由右太极五行中桩势开始，两脚蹬地促使身体左转90°，两手随转体，向左横摆挒掌，右掌左摆稍外旋，掌心向左，掌指向前，左掌左摆时稍内旋，掌心向前，掌指向上（图4-92）。如此反复练习。

图4-92 挒

对操练习：经常进行的对操练习有双人推托、双人捋推、双人转化等（图4-93）。

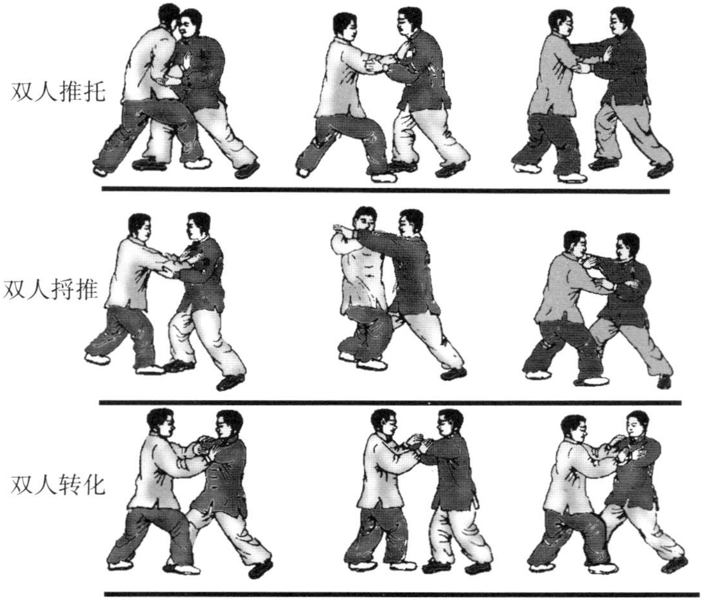

图4-93 对操

双人托推练习：己方与对方均以太极五行桩势相互对推，右手相互推于对方胸部，左手托住对方右肘，双方两腿蹬地，身体稍右转，同时右掌向前推对方左胸部，并用左掌托对方右肘，以控制其臂并阻止其推掌，再稍左转还原。照法反复练习。

双人捋推练习：己方与对方均以太极五行桩势相对站立，己方双手推按于对方胸部，对方两手托住己方两肘开始，对方左掌向己方面部推击，己方用两掌向右后捋对方左臂，对方又用右掌向己方面部推来，己方右掌向前推按对方左肘窝部，并用左臂向左后捋对方右臂。然后己方两掌推按对方胸部。如此反复练习一定数量后，两人再交换方法练习。

双人转化练习：己方与对方均以太极五行桩势相对站立，对方两臂相叠环抱掤于胸前，己方两手按于对方两臂上，用暗劲推按对方两臂，对方根据来劲向左或右或左下或右下进行转化。如此反复练习一定数量后，两人再交换方法练习。

2. 懂劲

懂劲阶段是太极拳练习的第二阶段。在这个阶段，行拳时要求注意掌握动作的规律及特点，做到连贯协调，圆活自然；盘架时讲究贯穿，要求做到上下相随，内外相合，一动无不动，一静无不静；内功方面讲究以心行气，以气运身，如行云流水，滔滔不绝（图4-94）。

图4-94　懂劲阶段杨式太极拳组合

在太极拳推手及技击练习时，这个阶段是懂劲阶段。通过太极拳的练习及操手和对操，对招势、技法充分了解掌握，运用纯熟后，则要在懂劲上下功夫。懂劲就是对对方攻来的劲力的大小、快慢、长短、方向能有准确的觉察、把握（了解）和掌控，并能及时地恰当应对，采取应付的合理的措施。若要达到这一步的要求，首先要有很好的听劲功夫，听劲是懂劲的前提，有了听劲功夫才能懂劲。听劲是肢体皮肤同对方的接触中，用自己灵敏的感觉去察知对方的力大小、快慢、长短、方向和作用点，听劲要感觉灵敏才能听得准。要感觉灵敏必须全身放松，思想放松，集中精力于双方搭手的接触点上，随曲就伸，做到粘连黏随，不丢不顶。时刻注意对方的劲路变化，动急则急应，动缓则缓随（图4-95）。通过长期练习逐步提升。由小力听、掤劲听达到神会听的高级听劲功夫。随拳听劲功夫的提升，对劲别了若指掌，上升到知人知己的懂劲阶段。

立圆双推手

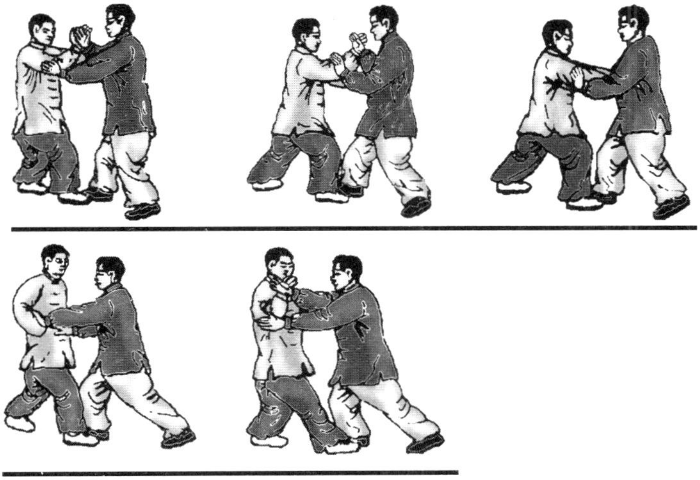

图4–95　懂劲阶段立圆双推手

3. 阶及神明

阶及神明是太极拳练习的第三阶段。在这个阶段，行拳时着重讲究劲力的运用和意念、呼吸与动作的自然结合，做到动作轻灵沉着，周身完整统一；盘架子时讲究虚静，真正做到用意不用力，纯以神行，实中求虚，动中求静，动即是静，静即是动（图4–96）；内功方面着重于神意的练习，达到“得意忘形”的境界。

在太极拳推手及技击练习时，这个阶段神已明，意已达神妙高明。这时引、化、控、打、发、放，恰到好处，做到了随意收放，可顺势一抖使人腾空飞起，潇洒自如，精巧绝妙，能以四两拨千斤，发人如弹丸，弹指一挥跌丈外，身体微动彼落空，“妙手无处不混然”，无往不利，而且可以举一反三，一法衍为万法，又万法归为一法，通权达变，变化无穷，无阶不能，无时不能，随心所欲，自然而然，无为无不可为，无意为而为之，无法无不为法（图4-97），无法之法是为大法。达到大有鬼使神差，非人力能为的神奇境界。

图4-96 阶及神明阶段懒扎衣

图4-97 阶及神明阶段推手及技击

（八）然非用力之久，不能豁然贯通焉

“用力”即平时所说的“学习很用功的‘用功’”，是指练功夫，不是指用力气。整句话的意思是：不经过长期勤学苦练，就不能豁然明白、领悟和贯通。

怎样长期用功练好太极拳及推手和技击呢？首先要在正确掌握动作、方法、要领的情况下，持之以恒，每天早、晚，每年春、夏、秋、冬四季不间断的练习，做到“一苦、二严、三勤、四恒”。苦指能吃大苦、耐大劳，不怕累、不畏难；严指严格要求、严格动作、严格方法；勤指尽力坚持多做；恒指坚持（图4–98）。这“四点”做到了，定能明其原理，知其用意，通其技法，晓其奥妙，就能又精又专。

晨练

晚练

春练

夏练

秋练

冬练

图4–98　长期用功

（九）虚领顶劲，气沉丹田

“虚领顶劲”，讲的是太极拳的要领、要求。“顶劲”是要领，“虚领”是要求。“虚领顶劲”头顶百会有向上轻轻领起往上顶之意，便于气血上下贯通，利于中枢神经提起精神指挥动作。要做到虚领顶劲，必须周身放松，头顶略上领起，下颏微微内收，竖项，两肩平稳端正，脊椎松直，两脚平踏地面。有头顶天、足入地之感。虚领顶劲更本质的是指一种状态，在这种状态下，肢体得以伸展，神意充沛，锻炼筋骨皮的同时，使精气神也得到锻炼。

“气沉丹田”是太极拳的练习要领。此处“丹田”指小腹部位。气沉丹田就是用意想象内气沿任脉下沉注入丹田部位（图4-99）。气沉丹田时，一般采用吸气时腹部收缩，呼气时腹部隆起的逆式腹式呼吸。

图4-99　虚领顶劲，气沉丹田

丹田为人体真气汇集贮存之所，生命能源之库。能鼓舞脏腑经络气血的新陈代谢，使之流转循环不息，生命也赖以相继，所以称它为“性命之祖”“十二经之根”“五脏六腑之本”。丹田为人体中一个极其重要的部位，因为它是“呼吸之门”，又是任督冲经脉运行之起点，是真气升降开阖的枢纽。丹田是劲力的炮膛，丹田内气是发劲的动力，气是火药，劲是炮弹，腿脚是炮坐，腰胯是炮舵，手臂是炮管。太极拳的发劲过程与打炮过程极为类似，吸气时（发劲前）收腹缩身，身体五弓尽量屈曲，气沉丹田，将劲聚集贮蓄充足（炮膛里填足弹药）；呼气时（发劲时），腹部外突，头虚领顶劲，丹田内气迸发（相当于弹药在炮膛内引爆），下沉，两脚用力蹬地（相当炮坐对地面的后坐力），使地面对两脚的反作用力上传于两腿至两胯和腰（相当于坐力传至炮舵），立腰，在腰胯的调节（主宰）下，确定了力的去向（相当调节炮舵瞄准目标方向），腰领劲沿脊上传过肩（沉肩）臂（伸臂）于手（展腕舒指），由手发于体外（相当炮弹沿炮管射出）（图4-100）。从发劲过程不难看出，“气沉丹田”是王宗岳对太极拳的呼吸运气的高度总结。

图4-100 发劲过程

“虚领顶劲，气沉丹田”基本上概括了太极拳对立身中正，松静自然运气练拳和推手的要求。

（十）不偏不倚，忽隐忽现

“不偏不倚”，是对练习太极拳及推手及技击里的一项要求，也是太极拳的“中道”功夫。

“偏”，倾、斜的意思。“倚”，偏、歪的意思。“不偏不倚”就是不倾、不斜，不偏、不歪的意思。不偏不倚有三层含意：一是指身法上的不偏斜，也就是要求动作姿势不歪斜。在练习时动作姿势歪斜，使身体不能处于自然生理体位状态，违反了人体骨骼结构，违反了生理。从内部来讲，姿势歪斜，身体经络受阻，“内气”就会不畅，就会影响内气的阴阳平衡，不利健身和锻炼。而且身体偏斜，重心偏离身体，使人站立不稳，不但影响练拳质量，在推手与技击时，也易被对方打倒。二是指劲力上的不过失。劲力过失是指用力过大、过猛。用力太猛，其惯性就大。惯性大易使身体失去控制，而不稳，同样也影响练拳质量，在推手技击中，易被诓倒，还易被对方借力打力。三是指精神上的不执着。精神过于执着，其实就是一种心理过于紧张，易造成神气凝滞，姿势呆板，动作迟钝，反应过慢。练习拳就少了轻便灵活，少了动作连贯，少了自如多变，少了自然而然。推手与技击时，随机应变能力就差，就会出现被动挨打的局面。因此，太极拳要求“不偏不倚”，既要保持中正，又要保持平衡。

虚领顶劲，气沉丹田，两臂在一条直线上，沉肩坠肘，手脚齐对，肘与膝对，肩与胯对，身体重心落在两脚横间面的中点上（4-101）。此单鞭式，就不偏不倚，身体中正。既保持了中正，也保持了平衡。

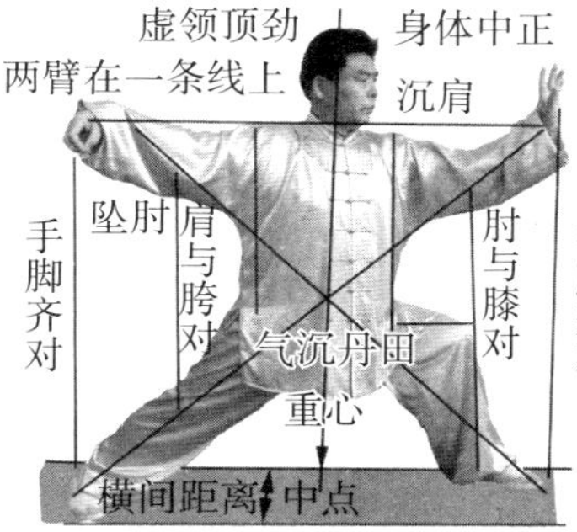

图4-101　不偏不倚，身体中正

“忽隐忽现”，这里的“隐”是指无形无象；“现”是可以看见或可以体察到。整句话的意思是，时有时无，时明时暗，时虚时实，时轻时重，时刚时柔，时进时退，时吞时吐，时收时发，时攻时防，时阴时阳的虚实无定，变化莫测，令人不可捉摸。

一般来说“隐”“现”有两个法则，这两个法则可从两个方面讲。

从练习方面讲：一是练拳发力时，集中劲力强劲爆发于一点为现，发力过后即快速放松，将劲涵虚收藏于体内为隐（图4-102）。

二是在练拳时将练拳之攻防用意表现出来，则为现。例如，杨式太极拳的闪通臂，练习闪通臂时，就要想象：当对方前上右步，同时用右掌向己方面部攻打时，己方右掌向上挑架开其来拳，并前上左脚一步成弓步，用左掌推击对方右肋部，使对方肋伤并后倒（图4-103），这种将攻防意图表现出来，则为现；在用拳时，以免对方对察觉己方动向，往往要将攻防意图隐藏起来，则为隐。例如，己方欲打对方胸部，首先用右拳在对方面前虚晃一拳，以引起对方对面部的注意，出现胸部空当儿，己方侧用左拳向其胸部击打，即可击而中之（图4–104）。这就是将攻防意图隐藏起来，指上打下，隐打法的灵活运用。

图4–102　隐现

图4–103　练拳意图表现

图4–104　攻防意图隐藏

从推手、技击方面讲：一是在推手、技击时，对方主动来攻己时，己即隐，使其无所得，对方回收时己则适时而现（即随势而进），攻其虚处（图4–105）。

图4–105　隐使其无得，现攻其虚处

二是在推手、技击时己之现相对对方为隐时，即实施攻击，制敌于不觉，或以隐法诱其现出破绽，再施攻击。例如，太极拳推手时常用的右打左摔法就是右假打为隐，左真摔为现。其具体方法是，己方左臂抄在对方右腋下，向右进行假打，引诱对方产生抗力（这对假打为隐，右摔才是目的），借用对方之抗力，左臂突然放松，使对方抗劲失去支点，并顺之用右臂向左横打劲，摔击对方，使对方向右前倒地（这时的摔为现）（图4–106）。

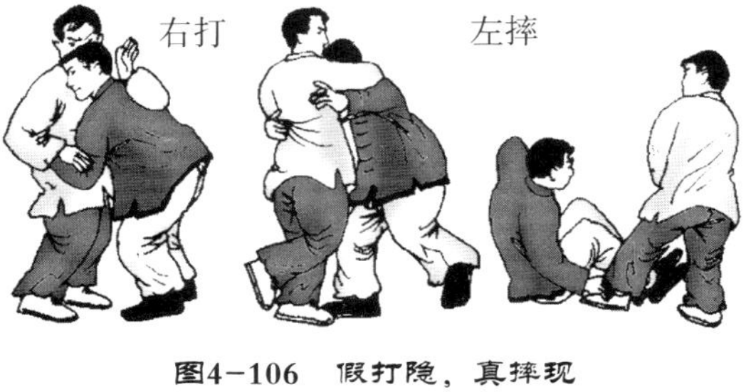

图4–106　假打隐，真摔现

杨澄甫云："隐者，藏也。现者，露也。""犹如龙之变化，能升能降。降能隐而藏形，现能飞升太虚。"

（十一）左重则左虚，右重则右杳

"左重则左虚"，这里的"重"指着实，有分量，力量大的意思；这里的"虚"指空虚，虚弱，力量小的意思。这句话是说当对方左手大力向己方推来时，己方右脚向右前上步，同时左手黏住对方左腕，顺其来劲，向左后引捋对方左臂，己方左手虚而引之，使对方左掌之力落空，失去身体重心向前跌仆而倒地（图4–107）。

图4–107　左重则左虚

若对方用大力向己方左方击推而来，己方左肩或身体顺其劲力方向，向左后转让，虚化掉对方之来劲，使其攻击失效导致身体重心不稳，向前跌仆（图4–108），这也是左重则左虚的具体应用之法。从以上实例不难理解，若左侧受重力击打，就运用左侧虚而引之或左侧虚而化之的法则来破解。

"右重则右杳"这里的"重"还是指力大的意思；这里的"杳"是指，无影无形，无从体察的意思。这句话是说对方用大力向己方右方推击而来，己方右肩或身体顺其劲力方向，向右后转让，虚化掉对方之来劲，使其攻击失效而导致身体重心不稳，向前跌仆（图4-109）。

图4-108　左重则左虚

图4-109　右重则右杳

当对方右手大力向己方推来时，己方左脚向左前上步，同时右手黏住对方右腕，顺其来劲，向右后引捋对方右臂，己方右手虚而引之，使对方右掌之力落空，导致身体重心不稳，向前跌仆而倒地（图4-110）。从以上两则实例不难看出，右重则右杳是右侧被击打而受力的破解的重要法则。

图4-110　右重则右杳

“左重则左虚，右重则右杳”这两句就是告诉我们，在太极拳推手及技击时，要遵循“避实就虚”左侧受力，左侧虚化之；右侧受力，右侧虚化之的法侧。这个法侧也是太极拳技击的显著特点，是“以柔克刚”“舍己从人”的重要体现。

（十二）仰之则弥高，俯之则弥深。进之则愈长，退之则愈促

“仰之则弥高”，这里的“仰”即向上的意思；“弥”是更加的意思。整句话的意思是向高使之更加的高。在太极拳推手及技击里，对方用向上之劲推击己方时，顺其劲向上引之或托之，使其高不可攀，脚跟浮起，有凌空失重的感觉（图4–111），这是极为常用“断根”术之一。

图4–111　仰之则弥高

“俯之则弥深”，这里的“俯”即向下的意思。整句话的意思是向下使之更加低下。在太极拳推手及技击里，对方用向下的劲力推击己方时，顺其劲向低处引之，使其如临深渊，摇摇欲坠，有越陷越深之感，身体重心不稳，向下跌扑而倒（图4–112）。

图4-112 俯之则弥深

“进之则愈长”，这里的“愈”是越的意思；“长”是伸展、远的意思，也指长劲。整句话的意思是越向前进就越长。对方用长劲向前推己方，渐渐地向后引进，使其推不到己方身上，越是向前伸推越是够不着己方，有进之则愈长的感觉。这是一种太极拳推手及技击常用的吞化、引化、捋领、让化之法。其具体做法分别举例如下。

吞化：对方用长劲向前推己方，渐渐地向后吞身，使其推不到己方身上，对方越是向前伸推越是够不着己方，有进之则愈长的感觉（图4-113）。

图4-113 进之愈长——吞化

引化：对方用长劲向前推己方，两臂挂住对方两臂内侧渐渐地向后引进，使其推不到己方身上，越是向前推越够不着己方，有进之则愈长的感觉（图4–114）。

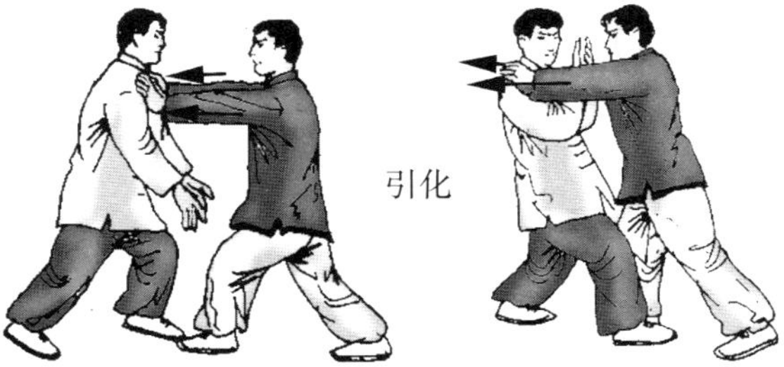

图4–114 进之愈长—引化

捋领：对方用长劲向前推己方，黏其腕肘渐渐地向左后捋领，使其推不到己方身上，越是向前推越够不着己方，有进之则愈长的感觉（图4–115）。

图4–115 进之愈长—捋领

让化：对方用长劲向前推己方，渐渐地向后仰身让化，使其有越向前推越够不着己方，有进之则愈长的感觉（图4–116）。

图4-116　进之愈长—让化

“退之则愈促”，这里的“促”是急促、急迫的意思。在太极拳推手及技击中，当己方控制住对方，被己方逼进而后退时，对方越是后退，己方越是快而急促地紧跟对方向前逼进，使对方越退越感觉后退不脱，走化不了，而后跌地（图4-117）。这种是太极拳推手及技击里的追打之法。

图4-117　退之则愈促

这四种情况都是黏走相生，不丢不顶，己顺人背，己得机得势，彼不得机不得势而出现的。

（十三）一羽不能加，蝇虫不能落。人不知我，我独知人

“一羽不能加，蝇虫不能落”，这两句话喻指太极拳的灵敏程度。是形容触觉、身体感觉的灵敏性极高，稍微触及，就能感觉得到。练到这种程度，感觉敏锐，稍触即知，稍纵即逝，虽轻如羽，小如蝇虫，稍近体肤，即知觉。这种灵敏度是通过太极拳的锻炼，对外界环境的变化有着高度灵敏的体察力，对施加的微微之劲力均可觉察而产生反应，始终占据技击的主动，也指练习太极拳过程中轻灵松柔。

什么方法才能练到“一羽不能加，蝇虫不能落”的功夫境界呢?

太极拳轻松柔和，均匀连贯，协调完整，圆活自然，经常练习对外界环境的变化有着高度灵敏的体察力，能“摸”到空气的阻力，可培养感觉敏锐能力，做到稍触即知，稍纵即逝，虽轻如羽，小如蝇虫，稍近体肤，即知觉（图4-118）。

图4-118　太极拳片段—轻灵松柔

“人不知我，我独知人”，是太极拳练习达到一定水平时的技击境界。在太极拳推手及技击时，若练到“人不知我，我独知人”的境界，我之意图，我之劲力能够隐藏起来或若隐若现，变化莫测，使对方摸不准，则为“人不知我”。练到这种境界，不仅能使“人不知我”，还能做到“我独知人”。“人不知我”能做到出其不意；“我独知人”则能做到攻其不备。在太极拳推手及技击时，尽管对方怎样隐藏，怎样小心用力，怎样千变万化，其意图，其劲力都在自己的掌控之中。

现举例说明“人不知我，我独知人”推手及技击的几种方法。

敌不动己不动，敌若动己先动：例如，对方欲用右手向己方腹部推来，己方抢先用左手黏其右腕顺其来劲向左后引化，对方回抽右臂之际，己方用右掌推击对方胸部，将其推出丈外（图4–119）。

图4–119　人不知我，我独知人—敌若动我先动

对方发己方化：例如，对方两手控制己方两肘尖，右掌上托己方左肘上抬；己方左前臂下垂，消左肘，以化解对方的托肘（图4–120）。

图4-120 人不知我，我独知人—敌发我化

对方化己方打：例如，己方右手前推对方左胸部，左手按对方后背，使对方产生抗劲，己方借对方之抗劲，身体右转，放松右手，左手向右横打对方右臂侧，使其向左前侧倒地（图4-121）。

图4-121 人不知我，我独知人—敌化我打

对方退己方进：例如，己方右掌推对方胸部时，对方后让化己方右掌之劲；己方两掌随对方后让之劲同时发力向前推送，将对方击出丈外（图4-122）。

对方进己方退：例如，对方用左掌向己方腹部推按时，己方用腹部及左掌掤住对方推按劲，使对方继续加力；己方左脚后退一步，身体左转，抽左掌，使对方落空，向前扑倒在地（图4-123）。

图4-122　人不知我，我独知人—敌退我进

图4-123　人不知我，我独知人—敌进我退

对方小力，己方小力：例如，对方轻微加力前推己方左臂，己方及时感知对方推来之力，身体左后转左臂左化掉来力，并用右掌推击对方左胸部，使其后倒（图4-124）。

图4-124　人不知我，我独知人—敌小力我小力

对方大力，己方大力：例如，对方用两手大力推己方两肩部，己方用两肩掤住对方之来劲，突然放松两肩，身体右转，同时，用右手黏住对方左臂内侧，左手黏住对方右肘部，借其推来之劲向右大力横挒对方，将其向己方右后方摔出（图4-125）。

图4-125　人不知我，我独知人——敌大力我大力

对方左打，己方左化：例如，对方用左掌向己方左胸推来，己方用左腕掤住对方推来之掌，身体左转，左臂顺其来劲向左引化，使对方左掌落空（图4-126）。

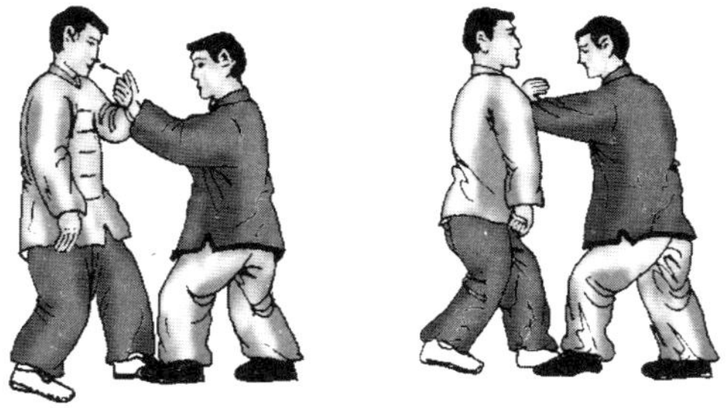

图4-126　人不知我，我独知人——敌左打我左化

对方右打，己方右化：例如，对方用右手向己方右胸部推按，己方用右胸掤住对方来掌，突然身体右转，右胸放松向右柔化其右掌，使其右掌失去支点，并用左掌向右横拍对方右肩，使其向左侧倾倒（图4–127）。

图4–127　人不知我，我独知人—敌右打我右化

对方上推，己方上托：例如，对方用两掌向前上斜推己方双肩时，己方上体向前下倾折住对方双腕，两手向上托对方双肘，控制住对方（图4–128）。

图4–128　人不知我，我独知人—敌上推我上托

对方下按，己方下引：例如，对方用左掌向己方腹部斜下按来，己方速用右手按住对方左腕向右下引按，使其向前跌地（图4-129）。

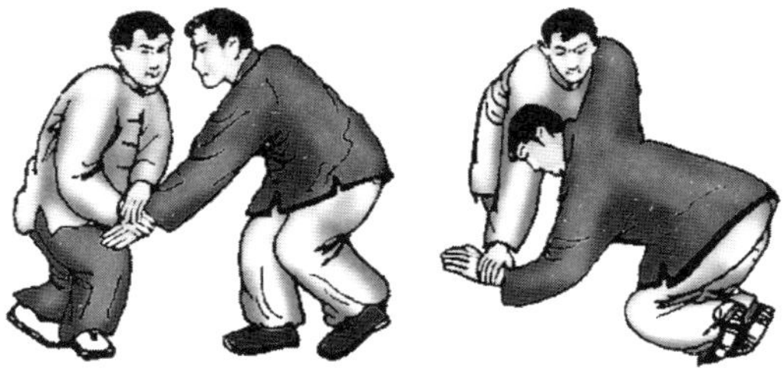

图4-129　人不知我，我独知人——敌下按我下引

对方刚，己方柔：例如，对方用双掌刚猛有力地向己方两肩推击，己方用两肩掤住其来掌，当对方之力集中到双掌时，己方两肩突然放松，使其两掌失去着力点而重心不稳，收到以柔克刚的效果（图4-130）。

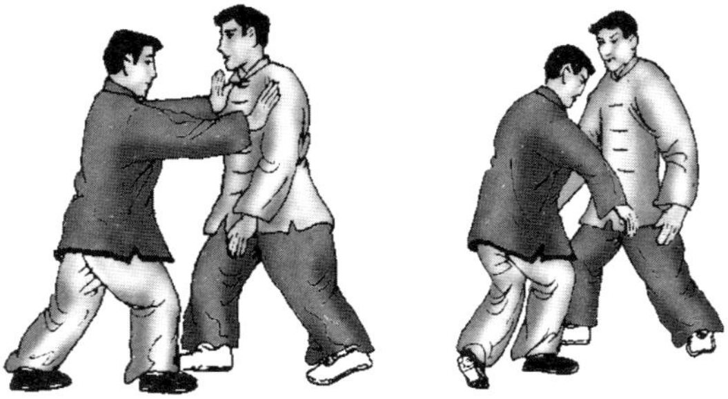

图4-130　人不知我，我独知人——敌刚我柔

对方柔，己方刚：例如，己方用右掌推托对方之肘时，对方前臂下垂外翻，以消其肘，柔化卸掉己方托肘。己方顺其卸肘之势继续向下、向外、旋掌向上、向里加力，拿其腕，使其不能动弹（图4-131）。

图4-131　人不知我，我独知人—敌柔我刚

随心所欲，己方处处占得先机，使对方茫然不觉，己方自然所向无敌，百战百胜。

（十四）英雄所向无敌，盖皆由此而及也

“英雄所向无敌”，这句话的意思是说，练习太极拳的人，能练到处处占得先机，使对方茫然不觉的功夫境界，这样的人就可以称为英雄，所向无敌。

“盖皆由此而及也”，这里的“盖”是大概的意思；“皆”是都的意思；“及”是达到的意思。整句话的意思是说，练习太极拳若正确掌握左重则左虚，退之则愈促的走黏之法和与其不相顶抗，顺势随劲，借力打力的技术要领，练出一羽不能加，蝇虫不能落，人不知我，我独知人的听劲功夫，在

太极拳推手及技击实战中，就能收到战无不胜，所向无敌的效果。这样的效果大概都是由以上这些功夫所达到的吧！

（十五）斯技旁门甚多，虽势有区别，概不外乎壮欺弱，慢让快耳

“斯技旁门甚多”，这里的“斯”是这种的意思；“技”这里指拳术技法；“旁门”指其他门派；“甚”是很的意思。整句话的意思是这种拳术技法的其他门派是很多的。

“虽势有区别”，意思是说他们的那些拳术技法，虽然姿势动作不一样，拳路有所区别。

“概不外乎壮欺弱，慢让快耳”，这里的“概”是一律的意思；“耳”是而已、罢了的意思。整句话的意思是那些门派的拳术，一律都不外乎是强壮者战胜弱小者，以大力打小力，手脚快的打手脚慢的而已（图4–132）。

图4–132很明显都是强壮者战胜弱小者，以大力打小力，手脚快的打手脚慢的，与太极拳的技击方法、风格是迥然不同的。

图4–132　壮欺弱，慢让快

（十六）有力打无力，手慢让手快，是皆先天自然之能，非关学力而有为也

“有力打无力，手慢让手快，是皆先天自然之能，非关学力而有为也”，这里的“皆”是都的意思；“先天自然”是本来固有的、本能的；“非”是不是的意思；“关”是相关、关于的意思；“力”是指太极拳的听劲、懂劲、引劲、化劲、借劲、打劲功夫。“有为”指生产的作为。这四句合起来的意思是，那些有力者打无力者，手慢的躲让手快的，一律都是先天赋予的本能固有的，而不是通过学习相关拳术的听劲、懂劲、引劲、化劲、借劲、打劲所产生的作为。换句简单的话来说，那些有力打无力，手慢的让手快的，统统都是本能固有的，而不是学练出来的（图4-133）。

图4-133是散打动作，看上去都是有力打无力，手慢让手快的打法，虽有先天自然之能之成分，但也必须通过训练才能得到。不能说“非关学力而有为也”。因而我们在继承太极拳传统技法的基础上，不可排斥其他拳种和搏击形式，应吸收百家之长，更加丰富自己，完善自己，提高自己才对。

图4-133　有力打无力，手慢让手快

上面阐述“旁门”的这两段话，或多或少地带些“门户之见”。这里既要看到古人的历史局限性，也应予以适当的批判对待。特别是在当今，这种局限性并没有完全消除，往往论及拳技时，多有扬己之长，讥人之短现象。这种现象的存在，当然除个人偏见外，也存在个人学识渊狭的问题，应以区别对待。

作者的这种门派观，有形而上学的论点。说其他拳种是旁门，而自己是正门正派，的确是种偏见。力大胜力小，有力打无力，手快打手慢，是一种规律，但力量和速度也不是先天自然之能，也需要学习锻炼才能加大、加快。因此，“非关学力而有为也”这句话是片面的。

（十七）察四两拨千斤之句，显非力胜；观耄耋能御众之形，快何能为

“察四两拨千斤之句，显非力胜”，这里“察”是仔细看的意思；“显”是明显、显然的意思；“非”是不是的意思。整句话的意思是，仔细看“四两拨千斤”的这句话，很显然，并不是用力量去战胜对方的（图4–134）。

由图4–134可见，这些是借力打力，巧妙打放产生的四两拨千斤的效果。并非是硬打硬摔出来的。

“观耄耋能御众之形，快何能为”，这里的“观”是观看、观察的意思；“耄”指年纪80～90岁；“耋”指年纪约为70岁。“耄耋”指年纪很大的人；“御”抵挡的意思；“众”指众人、很多人；“形”指情形；“何”是何况的意思；“为”做到的意思。整句话的意思是，看到那么大年纪的人能抵挡住很多人攻击的情形，仅仅是快能做到的吗（图4–135）？

图4-134　察四两拨千斤之句，显非力胜

如图4-135所示，这些上了年纪的人能抵御年轻人的攻击，并且还能将其摔倒放出，怎能仅仅是快所做到的呢？但实际运用中，快依然是必须的，若反应迟钝、动作缓慢就不能占先机，这种摔放效果是很难实现的。

图4-135　观耄耋能御众之形，快何能为

这句话的本意是强调练习太极拳的实战技法，是对前文“无过不及，随曲就伸，人刚我柔谓之走，我顺人背谓之黏，动急则急应，动缓则缓随”以及“左重则左虚，右重则右杳，仰之则弥高，俯之则弥深，进之则愈长，退之则愈促”不足的补充说明，强调无须着意刻苦练习先天之体能，只要能做到劲来顺应，引进落空，即可做到以弱胜强的。但在实际运用中，“快”依然是必须的，若反应迟钝，动作缓慢，就不能占取先机，劲来很难做到顺应，“彼不动，已不动；彼微动，已先动”就无法实现。因此，不讲快这一观点是片面的。

（十八）立如平准，活似车轮。偏沉则随，双重则滞

“立如平准”，是太极拳的锻炼要领，意思是站立姿势要像天秤称物一样准确。这里的准确泛指行拳过程中，立身端正，垂直不偏（图4-136）。许禹生注释为：“立正安舒，不偏不倚，脊背三关，自然得路也。”

图4-136　立如平准

通过实践证明，在太极拳推手及技击时，“太极五行桩”是较为理想的站立基本间架，它把人体各部位按照太极拳推手及技击的要领安排成一个圆满完整的姿势，其整个太极拳推手及技击都不能离开这个站姿的基本法则，有“万法不离其宗”之说。

“太极五行桩”这个重要的站姿，怎样站才算精准正确呢？其具体站立方法如下。

两脚前后斜横开一步，两脚脚尖微微内扣，两脚脚跟稍向上抬起，前脚掌着地踏实，两腿屈膝半蹲（蹲的深浅度据情而定，蹲深了稳，蹲浅了灵），两膝稍内扣，成不弓不马的“太极五行步”，上体稍向前倾，使身体重心落在前脚尖处，臀部里收，裆部向前上翻卷，命门自然而然后撑，两手屈伸于胸前，两手成掌，五指自然伸开，掌尽管均斜向前上方，前脚侧之掌在前，另一掌在后，后掌在前掌之肘内侧方，目视前方。（图4–137）

侧面图

正面图

图4–137　太极五行桩

站立要领：两足十趾抓地，敛臀提裆，收腹弓腰，背脊上拔，头顶上领，舌抵上腭，下颏内收，沉肩坠肘，全身放松，思想集中。

对此站式的解释说明：此站势采用了“不弓不马”的太极五行桩步，克服了以往常用的弓步只有竖劲没有横劲，马步只有横劲而缺少竖劲的缺点，集中了弓步有竖劲，马步有横劲的优点于一步之中，解决了推手或技击中不稳的根本性问题。

此站立步两膝内扣，使两腿相当于有了横撑，间架更加牢固，步子更为稳固一体。

此站立步要求臀部内敛，裆部向前上卷翻，这样使力更顺畅，而避免了力从臀部向后分流。

此站立步要求两腿微屈或半蹲、弓腰、两臂屈伸于胸前，使整个身体形成了“五张弓”，使之能更好地蓄力（劲），为发劲奠定了坚实的基础。

此站立步要求两脚脚跟微微抬起，身体稍向前倾斜，这样可使力的方向向前，避免了直体站立时力直向上的力向，可提高在推手或技击中的效率；还可在推手或技击中充分利用身体的倾斜下压力，使自己的身体体重自然地落在对方身上，给对方造成一定的压力负担。

脚跟提起，一身俱五弓，具备了发力过程中所需具备的条件，即两脚（前掌）蹬地，使地对身体产生的反作用力，通过伸腿、挺膝、长腰、竖脊、悬顶、展臂、直腕、弹指，而由脚顺畅地传递到指。发出的这种劲，是一种身体由收缩变为伸张，由紧到松的过程，是“由脚而腿而腰”和“形于手指”“完整一气”的整劲。这种劲极沉重、极刚强、极迅猛、极干脆，无坚不摧。此站立步是发这种劲的基础，配合好发劲动作即可发出。

两手屈于胸前不仅有利于前推、发劲，更有利于在推手或技击过程中进行攻防。

“活似车轮”，是太极拳的锻炼要领，意思是在动的时候，就像车轮绕轴旋转那样圆活。

在太极拳练习中，所有动作均做弧形运作，环环扣绕（图4–138）。因处处强调弧形运动，体现出圆的特征，故有人将太极拳称为“圆的运动”。

图4–138 活似车轮

怎样才能使这种圆的运动更加灵活呢？

一要做到“虚灵顶劲”，就是要求在练习太极拳时头部自然上领，不能低头、侧偏、仰脸。陈鑫在《陈氏太极拳图说》中说：“下颏微收，顶颈自然领起”“一失顶劲，四肢若无所附，且无精神”。

二要沉肩坠肘，就是放松两肩关节，不使其耸起；肘尖下垂，不向外翻。

三要含胸拔背，就是胸部略微往里凹，背部自然外凸，形成圆弧状。

四要收腹敛臀，就是要命门后撑，只须尾闾内收即可。

五要松胯圆裆，就是两胯在向下沉塌的同时做到充分放松；裆部形成圆弧状。这样下肢轻灵，步法变换自如，使裆部会阴与头顶百会上下对应，意气贯通。

六要身形圆满，就是周身掤劲，一身如球，合应太极之象。即球即圆，即圆即转，即转即活，圆则就活（图4-139）。

图4-139　活似车轮

在太极拳推手及技击中，若要活似车轮，首先，要力撑八面，周身掤劲，形成浑圆，当外力触及我身任何部位，随身体转动的外圆切线而抛出身外（图4-140）。无论是引、化，还是发、打，无不是利用这种圆转运动的离心力和切线原理。其次，要顺其势随其劲，而不是逆其势顶其劲。在引化时，只有顺其势随其劲，沿圆切线进行引或化才能借劲而省力地将其来力引化于体外；在发打时，如偏打、旋打，偏摔、旋摔等无不是借助对方打来之力，加上动作圆转产生的离心力，将对方发打出摔地的。

图4-140　周身掤劲浑圆

偏打旋摔是怎样顺势借力加离心力打摔对方的？现具体举两例加以说明。例如，对方右弓步右推掌向己方左胸部推击时，己方身体随其来掌之势向左转左胸后化，使对方右掌落空，没有推击支点，其身体必向前倾，己方左手黏其右腕向左后捋领，同时，用右掌随转身向左横打其左肩，将对方打倒摔于己方左后方地面（图4-141）。

图4-141　偏打旋摔

双如，当对方前上右步，同时用两臂从己方两腋下穿过，上抄向左旋摔己方时，己方顺其势，借其向左旋摔之力，己方用左臂向右下横打对方右肩头，同时用右手向右下捋领其左臂，反将其向左摔倒于地（图4-142）。这些都是“活似车轮”，圆活的具体体现。

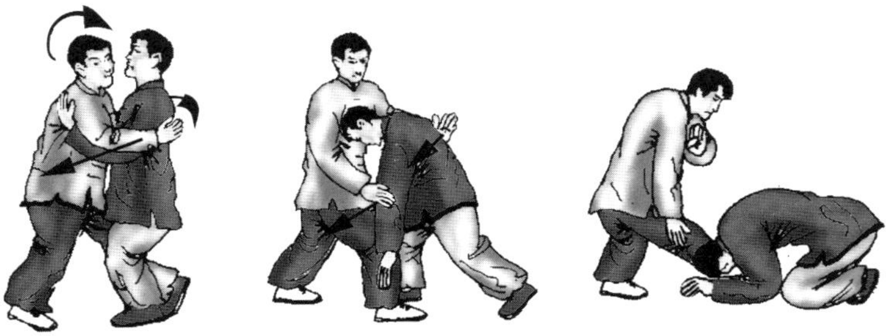

图4-142　偏打旋摔

“偏沉则随”，这里的“偏沉”是指劲力的某一点，过分偏重于部位的某一端；“随”是顺着、跟着、顺从的意思。整句话的意思是感知到对方劲力偏重于部位的某一端时，就顺随着某一端引化或加力。

在太极拳练习时如出现偏沉，身体重心就会出现偏移，出现站立不稳的现象，影响练拳质量。偏沉则是练拳之病，平时应注意把控克服。

在太极拳推手及技击时，无论来力多大，都要黏着走化，做到偏沉就能顺随，使对方有力也不得力，有力无处用。例如，当感知对方之力集中在其身体左侧，己方则随其劲向其左侧加力，使其向左倒地（图4-143）。

己方若感知对方之力前推过肩，则顺其劲捋其前推之臂，使其前倒（图4-144）。

图4-143 偏沉则随

图4-144 偏沉则随

对方若向后挣力，力偏于身后，己方则顺其劲再推其一把，使其后倒摔地（图4-145）。

图4-145 偏沉则随

对方若向上用力过猛，己方可随其劲将其托起向外扔出（图4–146）。

图4–146 偏沉则随

对方下按过于用力，己方可随其劲向下捋或按对方，使其向前下趴地（图4–147）。

图4–147 偏沉则随

这些都是“偏沉则随”的具体运用，明白了这些，这句话也就不难理解了。

推手时要避免两方相抗，如果两方相抗，不能够“偏沉则随”，动作就会滞钝，结果还会是力大者胜力小者。

“双重则滞”，这里“双重”的含义有以下3种：一是“重”指身体的某一部分落实；“双重”指双足、双手不分虚实，阴阳不明（图4–148）。

图4–148 第一种情况的“双重”

二是手足是互为阴阳的两部分，“双重”即同则的手、足同时处于实或虚的状态。此图右侧手、足均为实；左侧手、足均为虚，所以这个动作是犯了“双重”的动作。这种动作即不灵活也不协调（图4–149）。

图4–149 第二种情况的“双重”

三是“双”指形、意两部分，“双重”是指意与相关的形同为实状态；“双”指敌、我双方，“双重”指敌实我实，敌虚我虚，双方出现相互顶抗或丢的情形（图4-150）。

图4-150　第三种情况的“双重”

双重即为太极拳推手及技击之病也是练拳之病。这里的“滞”，是不灵活，迟钝，僵持不下的意思。练习太极拳时，双手或双足犯了“双重”，则动作变化就不够灵活。太极拳推手及技击时，形与意犯了“双重”，反应就会迟钝，难以做到“应”“随”；敌我犯了“双重”，会出现顶牛的僵拙状态，丧失了“以柔克刚”的原则。

（十九）每见数年纯功，不能运化者，率皆自为人制，双重之病未悟耳

“每见数年纯功，不能运化者”，这里的“每见”是经常见到的意思；“数年纯功”指的是练了多年的太极拳功夫。“运化”指运用、运作、操作、运行的意思。整句话的意思是经常见到练习了很多年太极拳功夫的人，一旦遇到太极拳推手及技击，所练的这些功夫就不会运用了。

“率皆自为人制”，这里的“率”是大概的意思；“皆”是都的意思；“自为人制”是自己反被别人所制的意思。整句话意思是大概都不能制人，反而被别人所制。

“双重之病未悟耳”，这里的“悟”是领会、了解的意思；“耳”助词，而已，罢了的意思。整句话的意思是不自觉地犯了双重之病所致而已。

上面这段话是说，看到练了多年太极拳功夫的人，一遇到太极拳推手及技击时，所练的引、化、发、打的太极拳的功夫就运用不上了，粘连黏随及走化也动作不起来了，懂劲也没能很好地领悟，大都不能制人，反而被人所制。究其原因，都是用力顶抗，不自觉地犯了双重之病所制而已（图4–151）。

图4–151　双重之病

（二十）欲避此病，须知阴阳：黏即是走，走即是黏。阴不离阳，阳不离阴，阴阳相济，方为懂劲

“欲避此病”，这里的“欲”是要的意思；“此病”这里指“用力顶抗，不能走化”的“双重”毛病。整句话的意

思是，要避免这个“用力顶抗，不能走化”的毛病。

“须知阴阳”，这里的阴阳指：退、收、化、吞、柔、虚、轻、合、静、蓄势、吸气等为阴；进、发、打、吐、刚、实、重、开、动、发劲、呼气等为阳。整句话的意思是，必须懂得阴阳的变化。

阴与阳是可相互转化的，阴可转化为阳，阳也可以转化成阴，阴由阳转化而成，阳由阴转化而来，互为其根，若懂得此理，就懂得阴阳变化了。也就是说欲进先退，由收才能发，柔极则刚，刚极必柔，有轻就有重，有重就有轻，相生相克，则为转化。有转化就可避免双重。（图4–152）

阴	退	收	化	吞	柔	虚	轻	合	静	蓄劲	吸气	……
阳	进	发	打	吐	刚	实	重	开	动	发劲	呼气	……

图4–152　知阴阳则可避免双重

“黏即是走”，这里的黏就是缠锁住对方，就是随时处处加以控制，使对方不能变化；“走”是转化、走化的意思。整句话意思是只有控制住对方，不被对方所控制，己方才能随意转化，所以，黏也是走（图4–153）。

“走即是黏”，意思是说，在转化中，随时处处加以控制对方，使其不能变化，所以，走即是黏（图4–154）。

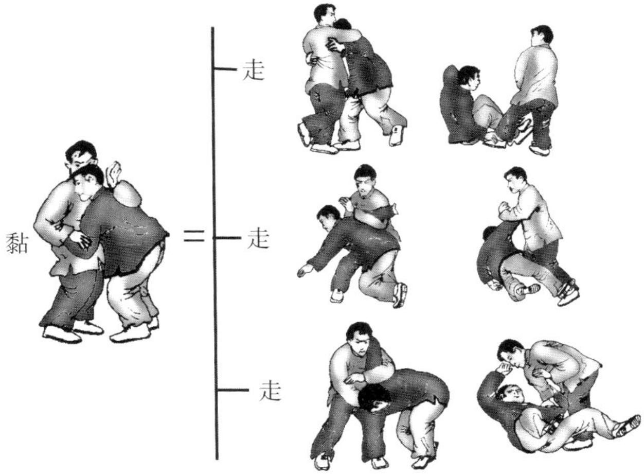

图4-153　黏即是走

图4-154　走即是黏

“阴不离阳”，意思是有退就有进，有收就有发，有吞就有吐，有柔就有刚，有虚就有实，有合就有开，有静就有动，有蓄劲就有发劲，有吸气就有呼气等。它们是一阴一阳，互为其根，相辅相成，又相生相克，是对立统一的矛盾双方，即矛盾又统一，不会单独存在，相互依赖，相互依存。所以，“阴不离阳”。

“阳不离阴”，阴与阳是矛盾的统一体，“阴不离阳”，同样阳也离不开阴。也就是进后必须退，不能永远地进；发后必须收，不能永远地发；刚后必须柔，不能一直刚；实后必须虚，不能一直实下去；开后必须合，不能永远开着；动后必须静，不能一直动；发劲后必须蓄劲，不能一直发劲；呼气后必须吸气，不能光呼气不吸气等。所以，“阳不离阴”。

“阴阳相济”这里的“相济”是互相帮助、促成，互相调济的意思。阴阳相济就是阴与阳能相互促成，相互调济。阴中有阳，阳中有阴，阴阴阳阳，阳阳阴阴，阴阳相济，虚实互变，刚柔交错。这样才能动作，才能形成运动，才有太极拳（包含套路、推手、技击等运动形式）（图4–155）。

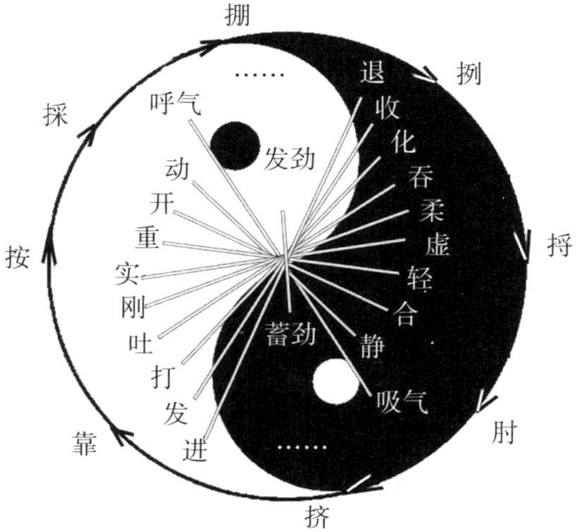

图4–155　阴阳相济（太极拳运动）

“方为懂劲”，这里的“方”是方才的意思；“懂劲”是了解劲力的构成，运动特点和即时状态。会听劲是懂劲的第一步；能感知出劲力的大小、长短、方向、快慢为懂劲的第二步；能根据对方的劲别，随其不同之劲的变化，能顺应而变是为懂劲的第三步。例如，在太极拳推手时，感知到对方左掌实，右掌虚，左掌直前的7分力，右掌3分有掤劲。其目的是欲将己方手臂固于胸上推己方；根据感知采取应对措施：己方右臂也用7分劲掤住对方左掌的推按，身体右转，使其来力，沿切线落空，在其空虚之际，两掌按其左臂，控制对方（图4-156）。这种能根据对方的劲别，随其不同之劲的变化，能顺应而变则是懂劲的第三步。到了第三步能大小（劲）互变，长短（劲）兼备，刚柔（劲）交错，虚实（劲）互变，“阴不离阳，阳不离阴，阴阳相济”，才是真正的懂劲。

图4-156　懂劲第三步

（二十一）懂劲后愈练愈精，默识揣摩，渐至从心所欲

“懂劲后愈练愈精”，意思是：能懂外来之劲以后，加以不断练习，即久练久熟，越练越精微巧妙。

“默识揣摩，渐至从心所欲”，这句话的意思是：默默埋头去认真、仔细地揣摩、研究，深入认识加以实践从中深刻体悟，逐渐达到得心应手，无不从心所欲的功夫境界。这时的身手更加灵敏，威力更加洪大，搭手便知，俟着何处，即向何处反击，随意收放，顺势一抖即可使人腾空飞起，潇洒自如，可发人如弹丸，弹指一挥跌丈外，身体微动彼落空，所向披靡，攻无不克，战无不胜。（图4–157）

图4–157　懂劲后，从心所欲

（二十二）本是舍己从人，多误舍近求远，所谓差之毫厘，谬之千里，学者不可不详辨焉！是为论

“本是舍己从人”，这句话的意思是：太极拳推手及技击，本来就是舍己从人的技巧，顺应客观规律，不自作主张。也就是说在太极拳推手及技击时，自己不动，只要随人所动，若任由自己动，则会被人抓住动向，知己去劲，将己所控；若是顺从别人，则可抓住对方动向，知其来劲，控制住对方，己方则可灵活走化。能从人，就能控制住对方，就能得到使对方落空的妙法。由此可见：从己则不能由己，从人就能由己。这就是道家的“为之而不为，不为而为之”的道理，也符合太极之道。

例如，当对方左手抓己方右肘窝上方上臂，右手抓握己方右腕，向里、向下旋拧己方右前臂时；己方右臂放松（舍己），顺对方用力方向，向外、向下反抓其右腕（从人）。己方右手抓握住对方右腕，随其拧己臂之劲向里上旋拧，使其右臂被反拧而受制。对方用力回抽右臂，以破己之拧腕。己方随对方回抽右臂之力（从人）；用左臂从对方右腋下穿过，斜靠其右胸部，使其后倒（由已）（图4-158）。由此可见，只要舍己从人，从人就能由己。

图4-158 舍己从人，从人就能由己

“多误舍近求远”，这句话的意思是：在太极拳推手及技击时，大多数人都是错误地没用近，而是用远了。例如，当对方用掌向己方胸部推来时，在对方掌刚来到半路上，己方便去进行拦截，这时对方则可变化力向再次向己方攻来，会防不胜防，这就犯了求远的错误（图4–159）。

再如，当对方用掌向己方胸部击来时，己方没进行防守，对方之掌着实地落在了己方的胸上，这就犯了舍近的错误（图4–160）。

图4–159　求远的错误

图4–160　舍近的错误

远了不行，近了也不可，那到底多远多近才是恰到好处呢？其实，对方用掌向己方某部位推来，当对方之掌微微触及己方部位皮肤时，这时己方听对方来掌之力，根据对方来掌之劲的偏向、力度和速度，再取决于采用引化、转化还是吞化之法，用怎样的速度，怎样的力道去化掉对方来掌，使其落空，而身体重心不稳，这时己方可顺势，随劲加力而发打对方，将其击打跌摔于地。

例如，对方之掌微微触及己方胸部皮肤时，这时己方听对方来掌之力，根据对方来掌之劲的方向、力度和速度，顺应微左转身吞化掉来掌之劲，使其不着实己胸；借机用左手握其腕，顺其来掌方向，向左后回领对方左臂；当对方有前倾感，向后回抽左臂，调整身体重心时，己方右臂从对方左腋下穿过用右掌靠击对方胸部，使其向后跌摔于地（图4–161）。此为不远不近恰到好处的技击示例。仅举其一例，其他任何方法均是如此。

图4–161　不远不近、恰到好处的技击

“所谓差之毫厘，谬之千里”，这句话的意思是：太极拳推手及技击之巧，分寸之大，毫厘之小，所以分毫不可差噢！若差之毫厘，结果是谬之千里啊！

“学者不可不详辨焉”，意思是说，学练太极拳和推手及技击的人不可不仔细地加以辨别，弄懂、弄通、弄透这个道理。

“是为论”，意思是说：是为了让学练太极拳或太极拳推手及技击者不出差错，所以特地作了以上的论述。